Le Parler québécois

POUR

LES NULS

Le Parler québécois POUR LES NULS

Marie-Pierre Gazaille
Marie-Lou Guévin

Préface de
Yannick Resch
Présidente de l'Association internationale des
études québécoises, professeur d'université.

FIRST
Editions

Le Parler québécois pour les Nuls

© Éditions First, un département d'Édi8, 2009. Publié en accord avec Wiley
Publishing, Inc.
«Pour les Nuls» est une marque déposée de Wiley Publishing, Inc.
«For Dummies» est une marque déposée de Wiley Publishing, Inc.

ISBN : 978-2-7540-1476-2
Dépôt légal : 4e trimestre 2009

Imprimé en France par Hérissey à Évreux (Eure) - N° 122393

Correction : Jacqueline Rouzet
Mise en page : KN Conception
Production : Emmanuelle Clément

Éditions First
12, avenue d'Italie
75013 Paris – France
Tél. : 01 44 16 09 00
Fax : 01 44 16 09 01
Internet : www.editionsfirst.fr
www.pourlesnuls.fr

Sommaire

**Préface : La belle aventure du français
en terre québécoise**..XIII

Introduction 1

Conventions utilisées dans ce livre........................2
Structure de l'ouvrage 3
Partie 1 : Les essentiels 4
Partie 2 : Au quotidien 4
Partie 3 : Pour les séjours prolongés.................4
Les icônes utilisées dans ce livre 5

Une page d'histoire… 7

Il était une fois, la Nouvelle-France 7
Qui sont les immigrants ?.......................................9
La conquête 10
L'indépendance des États-Unis et ses
conséquences 11
L'éveil du nationalisme francophone.....................12
Le Canada sous l'Union 14
La création du Québec d'aujourd'hui 14
De la révolution tranquille à aujourd'hui..............15

Partie 1 : Les essentiels.................... 17

Chapitre 1 : La famille 17

Couple et amitié...17
Vocabulaire...18
Expressions 20
Mots d'enfants...23
Vocabulaire...23
Expressions 26

Chapitre 2 : Qualificatifs...............................29

Vocabulaire...29
Expressions 38

Chapitre 3 : Émotions............................**44**
Vocabulaire...44
Expressions 48

Chapitre 4 : Conversations courantes..........**64**
Vocabulaire...64
Expressions populaires du langage courant ...73
Expressions 79

Chapitre 5 : Exclamations et interjections...**86**

Chapitre 6 : Informations et situations
d'urgence **95**
Vocabulaire...95
Expressions 102

Partie 2 : Au quotidien..................... 107

Chapitre 7 : L'alimentation........................**107**
Vocabulaire..108
Expressions 121

Chapitre 8 : Parties du corps et
vêtements **129**
Vocabulaire..129
Expressions 139

Chapitre 9 : Les finances **142**
Vocabulaire..142
Expressions 146

Chapitre 10 : L'hébergement.....................**151**
Articles reliés à la maison.........................151
Vocabulaire.......................................151
Autres 160
Vocabulaire.......................................160
Expressions 163

Chapitre 11 : Les transports.....................**165**
Vocabulaire..165
Anatomie de l'automobile.........................170
Expressions 172

Partie 3 : Pour les séjours prolongés 176

Chapitre 12 : La santé 176
Vocabulaire.. 177
Expressions 178

Chapitre 13 : L'école et le travail 183
Vocabulaire...183
Expressions 193

Chapitre 14 : Sports et plein air...................201
Vocabulaire...201
Expressions 208

Chapitre 15 : Jurons québécois...................213
Le sacre comme substantif......................... 215
Le sacre comme adjectif qualificatif..........215
Le sacre comme adverbe d'intensité 216
Le sacre comme verbe 216

Index 217

Préface

La belle aventure du français en terre québécoise

• •

Il n'est plus possible aujourd'hui d'imaginer la langue française comme la seule propriété des Français. Encore moins de l'imaginer arrimée au seul territoire hexagonal. La Belle aime à voyager. Elle a trouvé d'autres terres d'accueil où des millions d'autres hommes la parlent à leur manière et la font évoluer dans des directions qui échappent au contrôle de la France. Grâce à son nomadisme, elle a pris au cours des siècles, un visage multiple, reflet d'histoires et d'identités plurielles.

Aussi, ne serons-nous pas étonnés en feuilletant cet ouvrage de découvrir l'originalité du français en terre nord-américaine, au Québec, cette province qui a su, au terme de quatre cents ans d'histoire, en faire le point fort de son identité.

Un français qui est avant tout l'âme d'un peuple épris de paroles et de causerie, comme le chante Gilles Vigneault, qui se vit et se dit à travers son héritage français – les archaïsmes offrent au lecteur de belles rencontres – et au gré de ses emprunts, anglicismes nés du contact forcé avec la langue anglaise (arriver « short », être « down »), québécismes (c'est « quétaine »), qui rappellent aussi le contact avec les Amérindiens (« pichon ») ou encore construction grammaticale qui lui est propre (« tu veux-tu »).

Les auteures de ce livre bien documenté ont su lui donner un aspect pratique en illustrant la signification des termes et des expressions par des exemples précis. Elles ont surtout su offrir aux futurs lecteurs une approche jubilatoire en leur mettant l'eau à la bouche tant les expressions semblent savoureuses à prononcer. Que vous partiez avec votre « trâlée » d'enfants ou avec votre « blonde », emportez ce livre dans vos bagages, assurément vous aurez du « fun » à le lire.

Yannick Resch, présidente de l'Association internationale des études québécoises, professeur des universités.

Introduction

. . . .

*L*es voyages outre-mer sont de plus en plus abordables et les nouvelles technologies de communication rendent plus faciles les échanges culturels entre pays.

Bien que situés sur des continents différents, séparés par un océan et ayant leur propre culture, la France et le Québec sont liés entre eux par un ancrage qui fait partie de leur quotidien, la langue française. Mais le français des Québécois est-il le même que celui de leurs cousins européens ? Quelles sont les couleurs propres au français parlé au Québec ? Et les accents régionaux… ? Et les anglicismes utilisés… ?

Tout d'abord, il va sans dire qu'il ne s'agit donc pas d'apprendre une nouvelle langue, mais bien de mettre l'accent sur les différences dans l'usage de la langue au quotidien, principalement dans sa forme orale. Après tout, vos dictionnaires sont aussi les nôtres !

Si plusieurs publications proposent déjà une liste exhaustive et complète des expressions québécoises de toutes les époques, cet ouvrage se destine avant tout aux voyageurs français de passage au Québec ; il présentera donc, classés sous différents thèmes, les mots et expressions propres au français québécois actuel.

Parfois issues d'un emprunt à l'anglais, parfois imagées et d'usage régional, ces expressions que vous ne trouverez pas dans les dictionnaires vous aideront à mieux communiquer avec les Québécois que vous croiserez lors de votre séjour et à mieux vous imprégner de cette culture.

Au fil des pages, vous en apprendrez un peu plus sur l'usage du français au Québec dans les différentes sphères d'activités du quotidien, de la manière de se présenter à la demande d'informations touristiques en passant par les termes propres aux moyens de transport, à l'alimentation, et plus encore.

Un dernier détail avant d'entreprendre votre lecture : au même titre qu'il est difficile pour un Parisien de converser avec un habitant du nord de la France, un Montréalais risque fort de ne pas tout saisir du discours d'un résident de la Beauce. Nous ne mettrons donc pas l'emphase sur les expressions régionales ou marginales et priloriserons les expressions connues et employées dans le langage québécois quotidien.

Bonne lecture, et bienvenue au Québec !

Conventions utilisées dans ce livre

Afin de faciliter la lecture de cet ouvrage, les mots et expressions présentés sont divisés en chapitres, chacun abordant un thème relatif aux activités quotidiennes ou aux préoccupations communes à l'ensemble des voyageurs.

Certaines conventions utilisées tout au long de ce livre faciliteront également votre compréhension, de même que le repérage d'informations précises :

✔ La prononciation des mots québécois ou encore qui sont prononcés différemment est indiquée en italique.

✔ Vous trouverez la nature ou la racine étymologique des mots qui peuvent être présentées en cinq catégories distinctes :

• *Anglicismes*
Expressions dont la forme est le résultat de la traduction d'une expression dont la tournure est propre à la langue anglaise.

- *Archaïsmes français*
  Mots ou expressions dont la formulation et l'usage sont désuets mais qui peuvent encore être retrouvés à la forme orale.

- *Erreurs grammaticales ou syntaxiques*
  Phrases ou expressions dont la formulation présente une entorse aux règles grammaticales ou syntaxiques de la langue française.

- *Emprunts*
  Mots ou unités lexicales provenant d'une langue autre que le français mais qui sont utilisés dans leur sens véritable.

✔ Chaque mot ou expression présenté est accompagné d'un ou de plusieurs exemples concrets dans lequel ou lesquels il est employé.

Structure de l'ouvrage

Cet ouvrage vise un apprentissage du français québécois dans le plaisir… Ouvrez-le chaque fois que vous en aurez envie, que ce soit avant votre départ ou une fois rendu à destination si quelques expressions vous embêtent ! Consultez les chapitres qui piquent votre curiosité et apprenez, au gré de vos envies, de nouvelles expressions québécoises qui vous permettront de mieux communiquer avec les Québécois qui croiseront votre route en voyage !

Entre les divers mots et expressions que ce livre présente, vous trouverez également bon nombre d'encarts culturels qui ajouteront à votre apprentissage de la culture québécoise en traitant divers comportements caractéristiques et mœurs de cette dernière. Des comportements à éviter en société aux salutations de mise en sol québécois en passant par plusieurs petits extras, ces encarts sont un complément pertinent à l'apprentissage de la langue française telle qu'utilisée par les Québécois d'aujourd'hui.

Cet ouvrage a été conçu pour faciliter la recherche d'information par thème. En quatre sections, vous ferez le tour de l'ensemble des sphères d'activités quotidiennes.

Partie 1 : Les essentiels

Cette première section présente maintes expressions qui peuvent faciliter les premiers instants de votre voyage en terre québécoise : salutations et présentations, demandes d'informations, relations interpersonnelles, de même que quelques informations essentielles sur les situations d'urgence que vous serez susceptible de rencontrer en voyage.

Partie 2 : Au quotidien

Alimentation, hébergement, transports et finances, voici les quatre thèmes qui seront abordés dans cette seconde section qui couvre l'essentiel des activités quotidiennes. « Qu'est-ce qu'un logement semi-meublé ? Un pâté chinois… c'est quoi ? Tourner à drette… qu'est-ce que ça veut dire ? » Toutes ces questions trouveront réponses dans notre section « Au quotidien »…

Partie 3 : Pour les séjours prolongés

Cette troisième section s'adresse davantage aux voyageurs qui s'attarderont quelque temps au Québec. Des loisirs aux services de santé en passant par le travail et le système d'éducation, nous passerons en revue les expressions propres au Québec dans ces différents secteurs d'activités.

Le dernier chapitre présenté avec un brin d'humour vous propose tour à tour un palmarès des jurons québécois et de leurs équivalents français, un guide express des « à éviter » en sol québécois et une liste des abréviations courantes… de quoi compléter votre apprentissage du français québécois sur une note ludique !

Bien que chaque mot ou expression répertorié soit classé dans l'une ou l'autre de ces quatre sections, il est possible pour certains d'entre eux de les utiliser dans différents contextes ou sphères d'activités. Chaque mot ou expression est donc classé dans la section où il est le plus couramment utilisé, et nous vous mentionnerons, si nécessaire, les autres contextes dans lesquels vous pourrez éventuellement le rencontrer. Dans le même ordre d'idée, si plusieurs significations sont possibles pour un même terme, celles-ci vous sont présentées de la plus courante à la moins fréquente.

Dans chaque chapitre, vous retrouverez d'abord les mots, puis les expressions. Alors que pour chaque expression, vous trouverez la signification, la catégorie, la provenance et un ou deux exemples, la présentation des expressions est plus générale et comprend la signification ainsi que des exemples d'utilisation.

Les icônes utilisées dans ce livre

Vous pouvez rechercher des informations particulières au cours de votre lecture du livre. Pour rendre certains types d'informations plus accessibles, vous trouverez les icônes suivantes dans la marge à gauche, tout au long du livre :

 La vue de ce sigle vous indiquera que cette partie de l'histoire traite particulièrement du développement de la langue française au Canada.

 Québéquismes/Innovations (mots propres au français québécois et qui ne sont pas utilisés dans les autres pays francophones).

Les mots ou expressions qui ne sont utilisés qu'à l'oral.

 Pour trouver des informations et des conseils sur la culture des Québécois, recherchez cette icône !

Une page d'histoire...

L e français parlé aujourd'hui au Québec est bien différent de celui utilisé en France. Les prononciations, les anglicismes, les emprunts, les expressions du français canadien reflètent leur réalité actuelle et leur histoire. Il est impossible de comprendre l'évolution d'une langue sans connaître le parcours, les obstacles et les influences qu'elle a subis au fil des années. Le premier homme parlant français à mettre le pied en Amérique le fit au XVIe siècle. C'est à lui que nous devons la présence, encore cinq siècles plus tard, d'une société francophone au Canada.

Pour les curieux qui ont envie d'en apprendre davantage sur l'histoire des Québécois et de leur langue, ou pour vous remémorer certains faits, vous êtes invité à lire la section qui suit.

Elle vous permettra non seulement de comprendre les différences linguistiques, mais aussi de découvrir tout un peuple, attaché à sa culture et à ses racines françaises.

Il était une fois, la Nouvelle-France

Au XVIe siècle, l'Espagne et le Portugal exploitent déjà de nombreuses colonies à travers le monde. Accusant un peu de retard, la France, avec à sa tête le roi François Ier, nomme l'explorateur Jacques Cartier en charge d'une première expédition qui a comme objectif de découvrir de nouveaux territoires et d'y fonder, éventuellement, un empire colonial.

En 1534, Jacques Cartier entreprend donc son premier voyage, où il découvre ce qui allait devenir la Nouvelle-France. Lors de ce périple, il accoste sur les côtes de Gaspé, où il plante, le 24 juillet 1534, une croix portant une fleur de lys et l'inscription « Vive le roy de France ». L'explorateur fait deux autres voyages, au cours desquels il s'aventure toujours plus loin sur le fleuve Saint-Laurent, découvrant les villes nommées aujourd'hui Québec et Montréal, respectivement la capitale de la province de Québec et sa métropole.

Bien que ces découvertes soient inestimables, les voyages de Cartier au Canada se soldent, au point de vue de la colonisation, par des échecs, car au début du XVIIe siècle aucun Français n'était encore installé sur le territoire de la Nouvelle-France.

En revanche, au point de vue linguistique, Cartier a permis de fixer très tôt la toponymie de l'est du Canada, les noms de lieux étant soit français, soit amérindiens. C'est d'ailleurs ce dernier qui a baptisé le pays Canada, car en entendant une tribu amérindienne dire kanata, qui signifie « village », il a cru que ses interlocuteurs voulaient désigner le pays tout entier.

En 1580, l'explorateur Samuel de Champlain poursuit le développement de la colonie et il fonde en 1608 la ville de Québec. C'est en 1609, selon un rapport de Champlain, que le roi Henri IV baptise la colonie Nouvelle-France. La colonisation de ce territoire continue d'être un échec pendant son premier siècle. Malgré le fait que la France est alors le pays le plus peuplé d'Europe, avec 20 millions d'habitants, très peu de Français émigrent vers le nouveau continent. Entre 1635 et 1760, 300 000 Français ont émigré, mais la majorité d'entre eux a choisi *les Indes occidentales* (Guadeloupe, Martinique, Sainte-Lucie, etc.) à cause du climat aride de la Nouvelle-France et des nombreux conflits avec les Amérindiens. Pendant

ce temps, un très grand nombre de Britanniques
émigrent vers la Nouvelle-Angleterre.

Qui sont les immigrants ?

C'est à partir de 1663 que les émigrants français
commencent à arriver en plus grand nombre et que
la Nouvelle-France connaît un fort développement.
La majorité des Français qui partent alors pour le
Nouveau Monde proviennent des provinces côtières
du nord-ouest de la France (Normandie, Poitou,
Bretagne, Saintonge) ainsi que de la région parisienne.
Comme les grands centres de l'époque, Bordeaux,
La Rochelle, Rouen, Dieppe, sont considérés comme
des centres urbains, leurs habitants parlent tous
le français, qui n'est pas la *langue du roy*, mais un
français populaire parsemé de provincialismes et
d'expressions argotiques. De plus, les historiens
croient que le français était un critère de sélection
des émigrants. Les émigrants ruraux arrivant en
Nouvelle-France connaissaient donc tous le français,
mais certains d'entre eux conservaient leur patois
d'origine.

Malgré le choc des patois que connaît le Canada, le
français devient rapidement la seule langue utilisée.
Il faut spécifier que le français est la langue de
l'administration publique, du clergé, omniprésent
en Nouvelle-France, et des militaires, ces derniers
ayant une grande contribution dans l'implantation du
français.

En effet, 30 % des nouveaux Canadiens français sont
des militaires, pour qui le roi de France doit envoyer
900 femmes à marier, entre 1665 et 1673, que l'on
nomme les *filles du roy*. Ces filles, des orphelines
élevées par des religieuses, parlent presque toutes
français. Certaines d'entre elles utilisent même le
français du roy.

Ce serait à cause de l'étroitesse du territoire habité à
l'époque et du nombre relativement petit de colons

que le français s'est uniformisé en Nouvelle-France, laissant que très peu de traces des différents patois. En 1700, il n'y a donc qu'une variété de français parlé au Canada.

Dans la première moitié du XVIIIe siècle, les nouveaux arrivants se dispersent le long du fleuve Saint-Laurent et apparaissent trois variétés de français en Nouvelle-France. Le français de l'est dans la région de Québec, le français du centre vers Trois-Rivières et le français de l'ouest à Montréal.

Ces variations linguistiques sont en revanche toutes très similaires au français populaire parlé en France, avec le mélange des particularités provinciales du nord-ouest du pays et de la région parisienne.

Les influences amérindiennes furent de très peu d'importance et le français parlé au Canada n'avait rien à envier à celui de la France.

La conquête

Sur le total de 27 000 immigrants français qui se sont installés au Canada, seulement 9 000 y sont restés. Peu avant 1760, la plupart des habitants de la Nouvelle-France y sont nés, la croissance démographique se basant alors davantage sur la croissance naturelle du peuple que sur l'émigration française.

C'est à cette époque qu'éclata la guerre de Sept Ans, opposant pratiquement toutes les grandes puissances de l'Europe et s'étendant jusque dans leurs colonies respectives. Au Canada, ce conflit est connu sous le nom de *guerre de la Conquête*, où la France céda son territoire nord-américain à la Grande-Bretagne, à l'exception des îles Saint-Pierre-et-Miquelon. Le traité de Paris, signé en 1763, officialise définitivement la dissolution de la Nouvelle-France et la création de la *Province of Quebec*.

La conquête britannique a d'importantes influences sur les Canadiens. Dans le traité de Paris, il est stipulé que l'Amérique du Nord doit devenir entièrement anglaise et anglicane. De plus, les dirigeants français, la bourgeoisie et l'aristocratie françaises rentrent en Europe, pour laisser place aux conquérants anglais. La société canadienne française, devant ce désir d'assimilation des Britanniques, développe des réflexes de survivances axés sur le trio religion, politique et langue. C'est-à-dire la pratique de la religion catholique, le respect de la législation française et l'utilisation du français pour communiquer.

Cependant, malgré l'opiniâtreté des Canadiens français, à partir de cette période, l'histoire de la langue française au Québec devint le reflet d'une langue dominée.

Sur le plan économique, les dirigeants français étant rentrés en France et la nouvelle législation britannique visant à limiter le pouvoir des Canadiens français, ces derniers se replient sur l'agriculture et l'artisanat pour survivre. Rapidement, l'anglais devient donc la langue du commerce, de la justice, et de la politique.

L'indépendance des États-Unis et ses conséquences

Comme l'immigration anglaise n'est pas assez importante, l'assimilation ne se fait pas aussi vite que prévu. Les Canadiens français obtiennent quelques droits à la signature de l'Acte de Québec de 1774, rétablissant les lois civiles françaises, permettant aux francophones de pratiquer la religion catholique et agrandissant leur territoire. Cette recrudescence de tolérance de la part des Anglais n'est pas gratuite : elle a comme objectif de conserver la fidélité des Canadiens lors de la guerre d'Indépendance opposant les Britanniques aux Anglais des treize colonies américaines.

La fin du conflit, en 1783, modifie les frontières canado-américaines, diminuant de beaucoup le territoire du Canada, ainsi que la démographie, avec l'arrivée d'un nombre important de loyalistes américains. Ces loyalistes ayant fui les États-Unis pour rester fidèles à la couronne britannique ne voulant pas être régis par les lois civiles françaises en vigueur vont s'installer plus à l'ouest du territoire. En 1791, pour mettre fin aux discordes entre les anglophones et les francophones, la *Province of Quebec* est divisée en deux parties, soit le Bas et le Haut-Canada.

 Au Bas-Canada résident 140 000 francophones et 10 000 anglophones, mais le pouvoir est toujours entre les mains des Anglais, bien que les Français aient dorénavant accès à la politique.

La question de la langue est au centre du premier affrontement pendant la toute première assemblée de législature du Bas-Canada, lors de l'élection du président de l'Assemblée, un député francophone unilingue.

L'éveil du nationalisme francophone

Le début du XIXᵉ siècle est marqué par l'éveil du sentiment nationaliste, qui s'inscrit dans les mouvements internationaux de libération nationale, notamment en Europe et en Amérique du Sud. En effet, entre 1804 et 1830, accèdent à l'indépendance la Serbie, la Grèce, la Belgique, le Brésil, la Bolivie et l'Uruguay. Dans le Bas-Canada, ce mouvement prend la forme de luttes parlementaires.

À cette époque, les Anglais militent pour l'union des deux Canada, afin de se retrouver en plus grand nombre, projet auquel les Français s'opposent avec véhémence. Il y a donc beaucoup de conflits entre le gouverneur, appuyé par les marchands anglais, et la majorité parlementaire francophone : querelles religieuses, velléités d'assimilation, crises parlementaires, problèmes d'immigration, projet d'union politique, etc. Plus que jamais, les Anglais souhaitent assimiler les Canadiens français par diverses mesures.

En 1837, un groupe de Français connus sous le nom de Patriotes décident de dénoncer les injustices et le fait que le pouvoir est entre les mains de la minorité anglophone. La rébellion connaît un échec et entraîne des conséquences déterminantes pour le développement de la société canadienne française. Profondément déçu et humilié, le peuple se replie sur lui-même et se retranche dans la soumission.

 Sur le plan de la langue, les Canadiens français ne subissent plus le dirigisme de l'élite française qui est rentrée en France. Certains particularismes phonétiques et lexicaux, apportés par les colons des XVIIe et XVIIIe siècles, qui avaient tout de même survécu malgré l'implantation du français commun, réapparaissent, libres désormais de toute entrave. De plus, les Canadiens ne peuvent être tenus au courant de l'évolution linguistique de la France, entre autres, suite à la Révolution française. Dans les circonstances, le français d'Amérique commence à évoluer dans un sens différent de celui d'Europe et les emprunts à la langue anglaise commencent à s'introduire. À partir de cette époque, les voyageurs déprécient le français parlé en Amérique. Pourtant celui-ci n'a pas vraiment changé, c'est plutôt le français de France qui connaît une évolution rapide avec la montée des nouvelles classes sociales.

Le Canada sous l'Union

En 1840 l'Acte de l'Union finit par réunir les deux Canada en une seule colonie. Les francophones demeurent contraints à l'agriculture jusqu'à la révolution industrielle où, exclus du grand commerce et de l'activité primaire, ils deviennent prolétaires au service des Anglais. En subordination socio-économique, les Canadiens français continuent tout de même à défendre leur langue, leur religion et leurs droits. Le français est redevenu une langue de traduction, n'ayant aucune valeur juridique.

 La vie politique et économique se déroulant entièrement en anglais, l'élite canadienne française et les habitants des centres urbains n'ont d'autres choix que de s'y convertir. Pendant que l'aristocratie se convertit à la langue des conquérants, le commerce fait entrer dans les maisons des campagnards de plus en plus de produits britanniques, avec leur mode d'emploi en anglais. Jusqu'à la fin de la Seconde Guerre mondiale, le commerce au Canada est dominé par des Anglais, et les anglicismes intègrent le parler des Canadiens français.

La création du Québec d'aujourd'hui

En 1867, la Confédération forma le Canada divisé en provinces, dont une majoritairement francophone : le Québec.

Au sein du pays, la minorité des francophones s'accentue. Dès lors, les droits et les pouvoirs des Canadiens de langue française seront toujours soumis à la volonté de la majorité anglaise, qui ne porte pas toujours dans son cœur la minorité francophone et catholique.

Sur le plan politique, les deux langues sont officiellement égalitaires, mais dans la pratique, le gouvernement canadien n'applique que le strict minimum requis, réduisant le français à une langue de traduction seulement.

Les Anglais et les voyageurs qualifient le français des Québécois de patois, tellement celui-ci se différencie du français de France par ces provincialismes et anglicismes. Dans les secteurs de l'industrie et du commerce, les gens sont incapables de nommer les choses en français, car ces domaines sont et ont toujours été dominés par les Anglais.

Déjà, à partir de ce moment, des hommes politiques canadiens français commencent à parler d'indépendance du Québec.

De la révolution tranquille à aujourd'hui

À partir de 1960, le Québec se transforme et entre dans une ère de modernisation, pour enfin rattraper son retard et prendre place au sein des sociétés industrialisées. Les Canadiens français deviennent des Québécois, affirmant ainsi leur *nationalité*.

 La langue française, quant à elle, se transforme en une arme de combat et en symbole de libération d'une société qui n'accepte plus son statut de minorité. Dans cette période, de nombreuses lois de protection de la langue française sont adoptées, entre autres, la loi 101, une charte de la langue française.

Réalisant leur retard sur le plan linguistique, les Québécois veulent renouer avec leur mère patrie afin de purifier le français. Ils rattrapent quelque peu le retard sur la prononciation et l'utilisation de certains termes à l'aide de l'Office de la langue française et nomment les particularités québécoises de la langue le *joual*. Jusqu'à la fin du XXe siècle, l'utilisation du joual à l'oral et surtout à l'écrit reste une question controversée, certains le considérant comme le visage du Québec et d'autres comme des erreurs de la langue.

Aujourd'hui, rares sont les Québécois qui emploient un français de France, tout comme ceux qui utilisent uniquement le joual. En général, on peut affirmer que la quasi-totalité des Québécois préconise cependant un *français québécois*. Autrement dit, les Québécois francophones ont très largement perdu leur sentiment d'infériorité linguistique face au *français de France* et, pour la plupart, *bien parler* signifie parler un *français québécois correct*.

Bibliographie : www.tlfq.ulaval.ca

Partie 1 :
Les essentiels

Chapitre 1
La famille

. . . .

Couple et amitié

- ✔ Je pensais que ta **blonde** se joindrait à nous pour souper…

- ✔ Elle devait venir, mais elle passe la soirée avec sa cousine Annie qui vient d'apprendre qu'**elle est en balloune** !

- ✔ Annie **en famille** ! Ça alors ! Tu lui donneras deux beaux **becs** de ma part quand tu la verras…

- ✔ Sans faute ! Je te jure qu'elle et son *chum* n'ont pas perdu de temps : **accotés** depuis à peine deux mois et elle qui attend un petit !

- ✔ Ouais, on peut dire qu'elle **a trouvé chaussure à son pied** celle-là !

En famille comme entre amis, la communication est essentielle… Ce chapitre vous permettra donc de mieux échanger avec les Québécois avec qui vous vous lierez durant votre voyage. Autre point abordé : les mots d'enfants que vous pourrez adresser aux tout-petits qui croiseront votre chemin.

Vocabulaire

Bec

Signification : Bise, bécot.

 Provenance : Dérivé du mot *becquée* qui désigne la manière des oiseaux de nourrir leurs petits à même leur propre bec.

Exemple :

> « Ma mère me donne un bec chaque soir avant d'aller dormir. »

Blonde

Signification : Copine, petite amie.
<u>Archaïsme français</u>

Provenance : Dérivé du mot allemand *blund* qui signifie « blond ».

Exemple :

> « Hier soir, j'ai amené ma blonde au restaurant pour célébrer notre anniversaire. »

Cliquer

Signification : Bien s'entendre (avec quelqu'un).

 Exemples :

> « Je n'ai rencontré Marie qu'à deux reprises, mais je crois que nous avons cliqué. »

> « Il m'est facile de travailler avec Paul, ça a cliqué entre nous dès le départ. »

Crouser

 Signification : Draguer.
<u>Anglicisme</u>

Provenance : Dérivé de l'anglais *cruiser* qui désigne un bateau de croisière (lesquels étaient réputés pour abriter de nombreuses aventures).

La bise

Bien que son usage en sol européen diffère d'une région ou d'un pays à l'autre, la bise y demeure très répandue, particulièrement en France. Hommes, femmes, enfants, en famille ou entre amis, la bise est pratiquée par tous, ou presque.

Au Québec, la bise est moins répandue et sa pratique présente plusieurs différences avec l'emploi qu'en font les Français. Voici donc quelques trucs express qui vous permettront de ne pas commettre d'impairs lors de votre visite au Québec.

✔ La bise est réservée aux membres de la famille et à l'entourage intime. Il est donc très rare de voir de vagues connaissances qui se feront la bise en se rencontrant par hasard dans la rue ou au marché.

✔ Les hommes ne se font pas la bise entre eux. Même entre frères ou entre membres masculins d'une même famille ou d'un groupe d'amis intimement liés, les hommes se contenteront généralement d'une poignée de main plus ou moins officielle. À l'occasion, les hommes, surtout les plus jeunes, se manifesteront leur affection par une accolade ou par une tape affectueuse sur l'épaule ou dans le dos.

✔ 1, 2… 3 ou 4 ? Pour les Québécois, les bises viennent par deux ! Ne vous offusquez pas donc, si les trois bises que vous avez l'habitude d'échanger déroutent quelque peu les Québécois que vous visiterez.

Exemples :

« Karine était le centre d'attention hier soir, plus d'un homme est venu la crouser. »

« Depuis qu'il a quitté Martine, Carlos crouse toutes les filles qu'il croise. »

La crouse québécoise

Si la culture française et sa cousine québécoise présentent de nombreuses similarités, certaines différences demeurent toutefois importantes. C'est le cas, notamment, en ce qui concerne la drague.

Les approches, les techniques de séduction, de même que les manières d'entamer la conversation diffèrent du tout au tout. Au Québec… les dames osent ! Il n'est pas étonnant ici en effet de voir une fille faire les premiers pas en abordant l'homme qui lui plaît, que ce soit à la gym, dans la rue ou dans un bar. Alors messieurs, ne vous en étonnez pas, il semble que la Québécoise soit un brin plus dégourdie que la Française. Mais… vous en plaindrez-vous ?

Quant à vous mesdames, s'il vous semble à votre arrivée que la gent masculine est timide, c'est probablement qu'à force de côtoyer les belles d'ici, nos hommes sont devenus un peu paresseux ! Alors osez… vous les trouverez charmants une fois la glace brisée !

Déniaiser

Signification : Dépuceler, faire perdre son innocence à quelqu'un.
<u>Archaïsme français</u>

Provenance : Dérivé de *niais*, qui désigne une personne sans expérience, qui est sotte.

Exemple :

> « Virginie n'avait jamais eu de petit copain avant Jacques, c'est lui qui l'a déniaisée. »

Expressions

Être accoté

Signification : Vivre en concubinage.

Exemple :

> « Mon frère et sa copine ne veulent pas se marier, ils préfèrent être accotés. »

Signification : Être enceinte.

Exemple :

> « Je connais Julie depuis peu de temps ; je ne savais pas qu'elle était en balloune. »

Être en famille

Signification : Être enceinte.

Exemple :

> « Elle peut bien tenter de le cacher, on voit bien qu'elle est en famille ! »

Faire une belle paire

Signification : Aller bien ensemble, être bien assortis.

Exemples :

> « Tu as vu comme Jean et Catherine font une belle paire ? »

> « On croirait qu'ils se connaissent depuis toujours ; ils font une belle paire. »

Faire son coming-out

Signification : Avouer son homosexualité.

Exemple :

> « Louis a surpris tout le monde hier soir en faisant son coming-out ! »

Fuck-friend

Signification : Ami avec lequel on entretient une relation essentiellement sexuelle.

Exemples :

> « Claire n'a pas de petit copain, mais je crois que Marc est son fuck-friend. »

> « Ma sœur et Charles ne sortent jamais ensemble, ils ne sont que des fuck-friends ! »

Mettre ses culottes   *wear the pants*

Signification : S'affirmer haut et fort, notamment au sein de son couple.

Exemples :

> « Ma mère en a eu assez de toujours se taire ; ce matin elle a mis ses culottes. »

> « Il y a un moment dans la vie de chacun où il faut mettre ses culottes ! »

Partir sur la crouse

Signification : Se mettre en quête d'aventures amoureuses.

Exemple :

> « Depuis que son copain l'a quittée, il y a un an, ma cousine est partie sur la crouse ! »

Sauter la clôture   *jump the fence*

Signification : Avoir une aventure extraconjugale.

Exemple :

> « Mon oncle a rencontré une jeune femme en voyage et il a sauté la clôture. »

Sortir steady (avec quelqu'un)

Signification : Avoir un(e) petit(e) ami(e).

Exemple :

> « François n'aime pas les aventures d'un soir, il préfère sortir steady avec une fille. »

Statut civil

Signification : État civil.

Exemple :

> « Comme il s'est marié cette année, il a dû changer son statut civil sur ses formulaires d'assurances. »

Statut marital

Signification : Situation de famille.

Exemple :

« Quel est le statut marital de tes parents ? Sont-ils mariés ou bien vivent-ils en union libre ? »

Statut social

Signification : Rang social.

Exemple :

> « Depuis qu'il a eu cet emploi prestigieux, il se fait une fierté de son statut social. »

Trouver chaussure à son pied

Signification : Trouver le partenaire qui nous convient.

Exemple :

« Tu es avec Fred depuis longtemps déjà ; je crois bien que tu as trouvé chaussure à ton pied ! »

Mots d'enfants

Vocabulaire

Balloune

 Signification : Ballon de fête que l'on gonfle avec la bouche, baudruche.

Provenance : Dérivé du mot ballon.

Exemple :

« La salle était décorée avec beaucoup de ballounes. »

Bébelles

 Signification : Jouets.

Archaïsme français

Provenance : Dans l'ancien français (vers 1204) *babelet* signifiait « jouet » et baubel, « petit cadeau ».

Exemples :

« Ramasse tes bébelles, on va dîner ! »

« Le Père Noël m'a donné plein de bébelles cette année ! »

Catin

Signification : Poupée.

Erreur grammaticale

Provenance : En France, *catin* signifie mégère, prostituée ou fille de la campagne et vient de l'abréviation du prénom Catherine.

Exemple :

« Tu as passé l'âge de jouer avec des catins ! »

Catiner

 Signification : 1. Câliner (un bébé), flatter comme le fait un chat.

2. S'occuper de choses frivoles, futiles (prononcer : kétiner).

Anglicisme

Provenance : Dérivé de l'anglais cat, signifiant « chat ».

Exemples :

1. « Mon amie a eu un bébé le mois dernier, je suis allée leur rendre visite pour catiner un peu. »

2. « Arrête de catiner, on a des choses importantes à faire ! »

Fête

Signification : Anniversaire de naissance, et non la fête des saints dont la majorité des Québécois ne connaît pas l'existence et qui, par conséquent, n'est pas soulignée au Québec.

Exemple :

« Bonne fête ! Tu as quel âge aujourd'hui ? »

Nanane (*nanan* ou *nénan*)

 Signification : 1. Terme enfantin pour friandise, sucrerie, bonbon.

2. Gâterie, récompense.

Archaïsme français

Provenance : Vient du français du XVIIe siècle, où *nanan* fut dérivé du son -*nann* souvent fait par les enfants.

Exemples :

« Il aime ça Jérémie les nananes et le chocolat. »

« Le cinéma du vendredi, c'est mon nanane. »

Parade

Signification : Défilé.
Erreur grammaticale

Provenance : Utilisation erronée du terme, qui désigne un rassemblement militaire.

Exemple :

« C'est la parade du Père Noël aujourd'hui dans les rues de Montréal. »

Suçon

 Signification : Sucette, bonbon qui est fixé au bout d'un petit bâton.

Exemple :

> « Tu me donnes le suçon jaune ? Je n'aime pas les rouges, ils sont trop sucrés. »

Trâlée

Signification : Flopée, ribambelle, tas, bande, groupe.
<u>Archaïsme français</u>

Provenance : Dérivé de *trôlé*, mots français du XVIIe siècle signifiant « traîner, promener avec soi ».

Exemple :

> « La mère Tremblay a toujours une trâlée d'enfants avec elle. »

Expressions

Becquer bobo

Signification : Expression affectueuse que l'on dit à un enfant lorsque l'on donne un baiser sur une partie de son corps qui est endolorie ou blessée.

Exemple :

> « Viens voir maman, je vais becquer bobo. »

Cogner des clous

Signification : Dodeliner de la tête pour lutter contre le sommeil.

Exemple :

> « Gisèle a cogné des clous pendant tout le cours de mathématiques. »

Donner la bascule

Signification : Balancer quelqu'un de droite à gauche en le soutenant par les bras et les jambes.

Exemple :

> « C'est la fête de Julie, alors il faut lui donner la bascule ! »

La bascule

La bascule est une tradition québécoise pour les jours d'anniversaire. Pratiquée surtout avec les enfants, on les lève par les épaules et les pieds vers le haut, le nombre de fois qui correspond à leur âge. Si Kévin a 8 ans aujourd'hui, il sera levé huit fois. Parfois un coup sera ajouté « pour grandir ».

Être bébé lala

Signification : Avoir une attitude puérile – se dit souvent aux enfants un peu plus vieux.

Exemple :

> « Ne fais pas ton bébé lala, tu sais que tu ne peux pas manger de chocolat avant le dîner. »

Être crasse

Signification : Se dit d'un enfant espiègle, rusé.

Exemples :

> « Tu as une petite face de crasse. »

> « Petite crasse, c'est toi qui as volé mon journal ? »

Faire (être) haïssable

Signification : Se dit d'un enfant turbulent, espiègle.

Exemple :

> « Mon neveu est tellement haïssable, il fait toujours des mauvais coups. »

Faire le chien de poche

Signification : Suivre à la trace, se dit d'un enfant qui est toujours à la remorque d'autrui.

Équivalent français : être aux basques de quelqu'un.

Exemple :

> « Pas moyen de faire le ménage en paix, elle me suit comme un chien de poche depuis ce matin. »

Mettre un enfant en pénitence

Signification : Le punir, le confiner dans sa chambre.

Provenance : Vient de la religion catholique, où « faire pénitence » signifie implorer le pardon de Dieu pour la réparation des fautes commises.

Exemple :

> « Si tu n'es pas gentil avec ton frère, tu iras en pénitence dans ta chambre. »

Ne pas être un cadeau

Signification : Se dit d'un enfant turbulent, difficile à vivre.

Exemple :

> « Justin a mangé trop de sucre au dîner, il n'est pas un cadeau ce soir. »

Sage comme une image

Signification : Se dit d'un enfant très sage.

Exemple :

> « Ma fille est sage comme une image, elle ne dit jamais un mot. »

Chapitre 2

Qualificatifs

* * * * * * * * * * * * * * * * * * * *

- ✔ **T'es pas game** d'aller voir la fille pour lui dire qu'elle a l'air d'un **pichou**.
- ✔ Bien là, **tu as du front tout le tour de la tête**, on ne dit pas ça aux gens !
- ✔ Ne fais pas ton **straight**, tu vois comme moi qu'elle **fait dure** ! Allez va lui dire !
- ✔ Arrête de **m'achaler**, je n'irai pas. Je ne suis pas **baveux** comme toi.
- ✔ Regarde comme elle a les jambes **croches** ! Ah ah ah !
- ✔ Bon ! Le voilà **crampé** en plus ! Si ça continue, je vais me choquer, je t'avertis !

En lisant les lignes qui suivent, vous en apprendrez davantage sur les termes utilisés par les Québécois pour qualifier leur prochain. Cela pourra vous être utile pour différencier les compliments… des insultes !

Vocabulaire

Achalant (achaler)

Signification : Qui est irritant, ennuyeux (irriter, importuner).

<u>Archaïsme français</u>

Provenance : Issu de dialectes, ce terme a été employé dans tous les parlers du nord-ouest de la France, mais n'a jamais appartenu au tronc commun de la langue française.

Exemples :

> « Vous êtes achalants avec vos questions. »

> « Arrêtez de m'achaler, je n'irai pas avec vous à la piscine ! »

Agace-pissette

 Signification : La *pissette* désigne le sexe masculin, donc ce terme qualifie une femme d'allumeuse. C'est un terme péjoratif pour désigner une femme qui provoque les hommes.

Exemple :

> « Elle drague tous les hommes du bar, c'est une vraie agace-pissette. »

Agrès

Signification : Personne laide, plutôt moche.
Erreur grammaticale

Provenance : Utilisation erronée du terme, qui signifie « barre, trapèze ».

Exemple :

> « Elle sort avec un agrès, elle aurait pu trouver mieux. »

Baveux

Signification : Arrogant.
Erreur grammaticale

Provenance : Utilisation erronée du terme, qui signifie « qui bave ».

Exemple :

> « C'est lui le petit baveux de la classe qui rit de tous les autres pendant leur exposé. »

Big (big shot)

 Signification : 1. Qui est important.

2. Qui fait beaucoup d'argent.

<u>Emprunt à l'anglais</u>

Exemples :

> « C'est un big shot, c'est lui qui contrôle la compagnie. »

> « Ouais, t'es rendu big depuis ta promotion ! »

Branleux

 Signification : Personne qui hésite longuement avant de prendre une décision.

 Exemples :

> « Hé qu'il est branleux, il ne sait pas encore s'il prend la rouge ou la verte. »

> « Ça fait une heure que je t'attends, t'es donc ben branleux ! »

Choqué

Signification : Au Québec, le terme choqué est relié exclusivement à la colère. Choqué s'emploie donc seulement dans le sens d'offensé, fâché et non pas pour désigner la surprise.

Exemples :

> « Je suis tellement choquée, mon ticket m'a coûté 20 dollars ! »

> « Arrête de crier, Judith, sinon maman va se choquer ! »

Correct

Signification : Être fiable, responsable.

<u>Erreur grammaticale</u>

Provenance : Utilisation erronée du terme, qui signifie « juste, conforme ».

Exemple :

> « C'est un gars correct, tu peux lui prêter ton portable. »

Crampé

 Signification : Rire aux éclats.

Exemple :

 « Il m'a tellement fait rire, j'étais crampé ! »

Crinqué (crinquer)

 Signification : 1. Être en colère (crinquer : mettre en colère).

2. Être motivé.

<u>Anglicisme</u>

Provenance : Dérivé de l'anglais *to crank*, signifiant « remonter à la manivelle ».

Exemples :

> « Tu l'as crinqué avec tes histoires, et là, il est prêt à se battre ! »

> « Tu veux te préparer pour l'Everest, tu es vraiment crinqué ! »

Croche

Signification : 1. Désigne une personne malhonnête, moralement douteuse.

2. Signifie « incliné, courbé, qui n'est pas droit ».

<u>Emprunt</u>

Provenance : Ce mot dérive de « croc » issu du scandinave *krôkr*.

Exemples :

> « Mon père est croche, il fraude les impôts. »

> « Gisèle, tu as coupé ça tout croche ! »

Drabe

Signification : Désigne quelque chose de morne, d'ennuyeux, de banal.

<u>Emprunt à l'anglais</u>

Exemples :

> « J'ai vu un film particulièrement drabe hier soir. »

>> « Il est drabe, il n'a vraiment rien à dire. »

Écœurant

Signification : Désigne un salaud, une personne malhonnête.

 Provenance : Dans certaines régions de France, cet adjectif signifie « dégoûtant, qui soulève le cœur ».

Exemple :

> « Il a rompu avec elle pour sortir avec une autre, l'écœurant ! »

Évaché

 Signification : Installé paresseusement dans un fauteuil, une chaise.

Innovation québécoise

Exemple :

> « Vendredi soir je ne suis pas sorti, je suis resté évaché sur mon divan. »

Feluet (*feluette*)

Signification : Désigne une personne chétive.

<u>Erreur grammaticale</u>

Provenance : Dérivé de fluet qui signifie « mince, délicat ».

Exemple :

> « Il ne gagnera pas le combat, il est trop feluet. »

Fendant

Signification : Désigne quelqu'un d'arrogant.
Erreur grammaticale

Provenance : Utilisation erronée du terme, qui signifie « amusant, plaisant ».

Exemple :

> « Quel fendant, il ne vient même pas nous adresser la parole ! »

Fin

Signification : Qui est gentil.
Anglicisme

Provenance : Dérivé de l'anglais *fine*, qui signifie « bien ».

Exemple :

> « Tu m'as apporté des fleurs, tu es bien fin ! »

Flyé

Signification : Qualificatif donné à une personne qui agit ou qui est en dehors de la normale, qui se comporte étrangement ou de manière marginale.
Anglicisme

Provenance : Dérivé du verbe anglais *to fly*, qui signifie « voler ».

Exemple :

> « Faut être vraiment flyé pour sauter en parachute du haut d'un édifice ! »

Forçant

Signification : Qui demande beaucoup d'efforts.
Erreur grammaticale

Provenance : Utilisation erronée du participe présent du verbe forcer.

Exemple :

> « Veux-tu monter cette caisse ; c'est trop forçant pour moi. »

Fouineux

Signification : Qui ne se mêle pas que de ses affaires, qui met son nez partout.

 Provenance : Dérivé du verbe fouiner, qui signifie espionner, fouiller de façon indiscrète.

Exemple :

> « Mon garçon est tellement fouineux, depuis deux jours il cherche ses cadeaux. »

Frustré

Signification : Qui est très mécontent, fâché, offensé.
<u>Anglicisme</u>

Provenance : Dérivé de l'anglais *frustrated*, qui a le même sens.

Exemple :

> « Je suis vraiment frustrée que Julien ne soit pas venu ! »

Fucké

 Signification : Qui est troublé, perdu, bouleversé.
<u>Anglicisme</u>

Provenance : Dérivé de l'anglais *fuck*, mot vulgaire référant à l'acte sexuel.

Exemples :

> « Il est rendu fucké, il sèche ses cours et a commencé à fumer. »

> « Je suis tout fucké, je crois que nous devrions rompre. »

Gossant (gosser)

 Signification : 1. Qui est emmerdant (emmerder).

2. Travailler sur quelque chose, sans que ce soit vraiment productif.

 Provenance : Originellement, le verbe gosser signifiait « tailler un morceau de bois en copeaux ».

Exemples :

1. « Arrête de me gosser, j'essaie de travailler. »

« Jean-Luc est vraiment gossant, je ne suis plus capable de l'endurer. »

2. « J'ai gossé tout l'après-midi sur l'ordinateur, mais je n'ai pas réussi à terminer mon travail. »

Kapoutte

 Signification : Être fichu, perdu.

Emprunt

Provenance : De l'allemand *kaputt*, qui a la même signification.

Exemples :

« C'est kapoutte, elle ne veut plus sortir avec moi. »

« Ma radio est kapoutte, elle ne fonctionne plus. »

Moron

Signification : Sot, stupide.

Emprunt à l'anglais

Exemples :

« C'est un vrai moron qui m'a servi à la caisse. »

« Hé que tu es moron, quand tu fais ça ! »

Pichou

Signification : Désigne une personne laide ou sans attrait.

 Provenance : Le pichou était la chaussure d'hiver des Amérindiens.

Exemple :

> « Je ne veux pas sortir avec elle, c'est un vrai pichou. »

Quétaine

Signification : Démodé.

Équivalent français : cucul la praline.

 Provenance : Dérivé du nom de famille *Kitten*, qui était une famille démodée de la région de la Montérégie au Québec.

Exemple :

> « Porter des chaussettes avec des sandales, c'est vraiment quétaine. »

Smatt

 Signification : 1. Qui est gentil, serviable.

2. Peut parfois prendre un sens péjoratif pour signifier que quelqu'un se croit supérieur (faire son smatt).

Anglicisme

Provenance : Dérivé de l'anglais *smart*, qui signifie « malin, intelligent ».

Exemples :

> 1. « T'es super smatt d'être venu nous aider à déménager ! »
>
> 2. « Ne fais pas ton smatt, tu ne connais pas tout ! »

Straight (*strait*)

Signification : 1. Qui est vieux jeu, ringard.

2. Qui est hétéro (par opposition à *gay*).

<u>Emprunt à l'anglais</u>

Exemples :

> 1. « Karine ne boit pas de vin, elle est trop straight pour ça. »

> 2. « Je ne fréquente pas les bars gays, je suis straight. »

Tarla

Signification : Qui est sot, idiot.

Provenance : À l'origine, ce québécisme s'épelait tarlais et a été déformé en tarla.

Exemple :

> « Mon mécanicien est tarla, il a oublié un outil dans le moteur. »

Expressions

Avoir de la jasette (*avoir d'la jasette*)

Signification : Être volubile, bavard.

Exemple :

> « Ça nous a pris une heure de faire les courses parce que ma mère a de la jasette. »

Avoir du front tout le tour de la tête

Signification : Être effronté.

Exemple :

> « Il a du front tout le tour de la tête de venir me relancer ici, après ce qu'il m'a fait. »

Avoir l'air à pic

Signification : Avoir l'air irrité, en colère.

Exemple :

> « Simon n'a pas bien dormi, il a l'air à pic ce matin. »

Avoir l'air de rien

Signification : Être discret, sournois.

Exemple :

> « J'ai l'air de rien, mais je m'y connais en mécanique. »

Avoir une face à fesser dedans (*avoir une face à fesser d'dans*)

Signification : Être détestable.

Exemple :

> « Je n'aime pas sa nouvelle copine, il me semble qu'elle a une face à fesser dedans. »

Ce n'est pas une cent watts (*Cé pas une cent watts*)

Signification : Qui n'est pas efficace, peu intelligent.

Exemple :

> « Il ne fallait pas être une cent watts pour échouer à cet examen ! »

Dormir sur la switch (*dormir s'a switch*)

Signification : Être inattentif, ne pas porter attention à ce que l'on fait.

Exemple :

> « Je n'ai pas été productive au travail aujourd'hui, je dormais sur la switch. »

Être au-dessus de ses affaires (*ête au d'sus d'sé affaires*)

Signification : Être trop à l'aise, montrer que tout va pour le mieux.

Exemple :

> « Isabelle est au-dessus de ses affaires depuis qu'elle a un nouvel emploi. »

Être beau ou belle comme un cœur

Signification : Être très joli(e).

Souvent utilisé auprès des enfants, de la famille et d'amis proches.

Exemple :

> « Vous êtes beaux comme des cœurs avec vos nœuds papillon ! »

Être en business (*biznèss*)

Signification : Être sérieux, sur la bonne voie, l'affaire est conclue, le sort est jeté.

Exemple :

> « Donne-moi 20 dollars pis on est en business ! »

Être en shape (*chayp*)

Signification : Être en forme, avoir la forme.

Exemple :

> « Êtes-vous en shape ce matin ? »

Être fou braque

Signification : Être fou de joie.

Attention, en France dans la région Aquitaine cette même expression signifie avoir mauvais caractère !

Exemple :

> « Quand je lui ai remis la carte, il était fou braque ! »

Être game (*guaym*)

Signification : Avoir du cran, être prêt à faire quelque chose.

La formule négative est souvent employée comme provocation (t'es pas game !).

Exemples :

> « Es-tu game de sauter avec moi ? »

> « Je savais que tu ne sauterais pas ! T'es pas game ! »

Être gras dur

Signification : Être comblé, prospère.

Équivalent du français « être au 7e ciel ».

Exemple :

> « Je demeure encore chez mes parents parce que j'y suis gras dur. »

Être mêlé (être mélangé)

Signification : Être perdu, ne plus s'y retrouver.

Exemples :

> « Je me suis mêlée dans la recette, mon gâteau n'est pas bon. »

> « Je suis mélangé, quel chemin dois-je prendre déjà ? »

Être stické sur quelqu'un/quelque chose

Signification : Être toqué, entiché, fou de quelqu'un/ quelque chose.

Exemple :

> « Sébastien est stické sur Johanne, il n'arrive pas à penser aux autres filles. »

Être/avoir une grande gueule (*être/avoir une gran yeul*)

Signification : Être hâbleur, plastronner.

Équivalent d'avoir du bagou (expression française).

Exemple :

> « C'est facile pour lui de parler en public, il a une grande gueule ! »

Être un grand slaque

Signification : Être dégingandé.

Équivalent d'être une asperge montée.

Exemple :

> « T'as vu son frère ? C'est un grand slaque ! »

Faire dur

Signification : Être affreux, être laid.

Exemple :

> « Va te changer de vêtements, tu fais dur avec cette jupe-là ! »

Jos connaissant

Signification : Individu qui agit comme s'il savait tout.

Exemple :

> « Y fait son Jos connaissant, mais dans le fond il n'est pas venu plus souvent que nous ! »

Ne pas être barré (à quarante)

Signification : Être effronté, sans limites.

Exemple :

> « Ma tante Denise n'est pas barrée à quarante, elle fait des blagues osées devant grand-père. »

(Un) paquet de nerfs

Signification : Une personne très énervée.

Exemple :

> « Mon petit dernier est un vrai paquet de nerfs, il est toujours grimpé partout ! »

Raide comme une barre

Signification : Rigide, droit, au garde-à-vous.

Équivalent de raide comme un piquet.

Exemple :

> « Relâche un peu, t'es raide comme une barre, tu n'arriveras pas à faire le mouvement. »

Chapitre 3
Émotions

● ●

- ✔ Salut ! Comment tu **feel** aujourd'hui ?
- ✔ Ah… **comme ci comme ça** ! Je sais que je ne devrais pas **bâdrer** avec ça, mais mes résultats d'université m'inquiètent…
- ✔ Arrête de **chigner**, tu sais bien que tu vas réussir. **Slack** un peu !
- ✔ J'espère que ma prof de maths ne me fera pas échouer, c'est évident **qu'elle ne m'aime pas la face** !
- ✔ Après tout, si tu as à reprendre un cours ou deux, tu le feras… **faut ce qu'y faut** !
- ✔ Tu as raison, je ne devrais pas **virer sur le top** pour ça.

Que ce soit au gré des saisons ou encore tintée d'anglicismes, la façon d'exprimer ses émotions au Québec est bien différente de celle de la France… Voici quelques pages qui devraient vous aider à saisir les humeurs québécoises, souvent exprimées de manière très imagée !

Vocabulaire

Accommoder

 Signification : Rendre service à…
<u>Archaïsme français</u>

Provenance : Signifiait à l'origine « concilier une chose avec une autre ».

Exemple :

> « Je sais que tu vis des moments difficiles, je ferai tout en mon pouvoir pour t'accommoder. »

Bâdrer

 Signification : Déranger, embêter, incommoder.
Anglicisme

Provenance : Dérivé de l'anglais *to bother*, qui signifie « contrarier ».

Exemples :

> « On a suffisamment de soucis comme ça, on ne va pas se bâdrer avec des détails. »

> « Ce n'est pas la peine de se bâdrer avec des choses que l'on ne peut changer. »

Badtripper

 Signification : Paniquer.
Emprunt à l'anglais

Provenance : En anglais, *bad trip* signifie littéralement « mauvais voyage » et est souvent employé pour désigner l'état dans lequel les toxicomanes se retrouvent après avoir ingéré une trop grande quantité de drogue.

Exemple :

> « Tu as raison de t'inquiéter, mais badtripper ne t'avancera à rien ! »

Bardasser

Signification : Bousculer.

Exemples :

 « Son mari n'est pas très gentil avec elle, il la bardasse souvent. »

> « Les enfants se sont chamaillés et certains se sont fait bardasser. »

Baver (ou **se faire baver**)

Signification : Importuner, provoquer.
<u>Erreur grammaticale</u>

Provenance : Utilisation erronée du terme, qui signifie « laisser échapper de la bave ».

Exemples :

> « Martin finira par se mettre tous ses amis à dos s'il continue à les baver. »

> « Je plains cette pauvre Maud, toujours à se faire baver par les copains. »

Bêtises (**crier des bêtises**)

Signification : Injures.
<u>Archaïsme français</u>

Provenance : Signifiait à l'origine « sottises, stupidités ».

Exemples :

> « Tu les as vus ? Toujours à se crier des bêtises ! »

> « Ce jeune enfant s'est renfrogné à force d'entendre son père lui crier des bêtises. »

Bretter

Signification : Perdre son temps à des futilités.
<u>Archaïsme français</u>

Provenance : Signifiait à l'origine « jouer de l'épée », utilisé au Canada depuis 1945.

Exemple :

> « Nous sommes déjà en retard, arrête de bretter et assieds-toi dans la voiture ! »

Boucher (boucher un coin)

Signification : Laisser coi.

Provenance : Utilisation imagée du verbe
« boucher » (comme dans « boucher un trou »).

Exemples :

> « Lui qui a toujours réponse à tout, je l'ai bien
> bouché cette fois ! »

> « Ça t'en bouche un coin, non ? »

Capoter

Signification : Tomber en extase.

Erreur lexicale

Provenance : Utilisation erronée du verbe « capoter »
qui signifie « chavirer ».

Exemple :

> « Elle était tellement heureuse de la surprise
> que tu lui as faite qu'elle capotait ! »

Chigner

Signification : Se plaindre (et non pleurer).

 Provenance : Dérivé de « rechigner » qui signifie
« geindre, pleurnicher ».

Exemple :

> « Pierre est insupportable, ça fait deux jours
> qu'il chigne sans arrêt. »

Slaquer

 Signification : Diminuer, ralentir, relâcher.
Anglicisme

Provenance : De l'anglais to slack qui signifie
« relâcher ».

Exemples :

> « Tu travailles sans arrêt depuis deux semaines,
> slaque un peu ! »

« Je roulais trop rapidement sur l'autoroute, j'ai été obligé de slaquer ! »

Expressions

Arriver short

Signification : Arriver de justesse.

Exemple :

« Nous sommes arrivés short ! À peine cinq minutes avant la fermeture des portes ! »

Avoir de la broue dans le toupet

Signification : En avoir plein les bras.

Exemple :

« Avec les quatre enfants ce matin, j'en ai eu de la broue dans le toupet ! »

Avoir de la misère

Signification : Éprouver des difficultés.

Exemples :

« Il est au chômage depuis quelques mois et il a de la misère à joindre les deux bouts ! »

« Tu ne parles pas clairement, j'ai de la misère à te comprendre. »

Avoir deux fils (ou *les fils*) qui se touchent

Signification : Péter les plombs.

Exemple :

« Denis était en colère à la réunion de ce matin, il a eu deux fils qui se touchaient ! »

Avoir du fun (*fonne*)

Signification : Avoir du plaisir, s'amuser.

Exemple :

> « Tous les copains sont venus au souper hier soir, on a eu du fun ! »

Avoir la chienne

Signification : Avoir la frousse, avoir peur.

Exemple :

> « Ce coup de tonnerre m'a fait sursauter, j'ai eu la chienne ! »

Avoir l'air bête

Signification : Faire preuve d'une attitude désagréable.

Exemple :

> « Je ne sais pas ce qui lui arrive, mais elle a l'air bête depuis ce matin ! »

Avoir le moton

Signification : Ressentir une pression à la poitrine en raison d'un stress ou d'une angoisse.

Exemples :

> « L'annonce de cet accident m'a bouleversée, j'ai eu le moton toute la journée ! »

> « Richard semblait triste, on voyait bien qu'il avait le moton. »

Avoir les bleus

Signification : Être triste ou morose.

Exemples :

> « Cela fait maintenant deux semaines qu'il pleut… ça me donne les bleus ! »

> « L'ambiance au bureau était mauvaise, tout le monde avait les bleus aujourd'hui. »

Avoir les shakes

Signification : Avoir très peur.

Exemple :

> « L'incendie a été maîtrisé rapidement, mais le propriétaire a encore les shakes ! »

Avoir son voyage

Signification : 1. Peut exprimer la stupéfaction.

2. Ne pas pouvoir en supporter davantage.

Exemples :

> « Je n'arrive pas à le croire ! J'ai mon voyage ! »

> « C'en est trop ! J'en ai mon voyage ! »

Avoir une crotte sur le cœur

Signification : Éprouver de la rancune envers quelqu'un.

Exemple :

> « Ma sœur ne le sait pas, mais son copain a encore une crotte sur le cœur après toute cette histoire. »

Avoir une face de bœuf (*face de beu*)

Signification : Avoir une expression renfrognée, maussade.

Exemple :

> « Je n'ai pas du tout envie de l'inviter, il a toujours une face de bœuf ! »

Avoir une face d'enterrement

Signification : Avoir l'air triste, avoir une figure de croque-mort.

Exemple :

> « Il est clair que ta mère est encore triste, regarde sa face d'enterrement ! »

Avoir une montée de lait

Signification : Exprimer une indignation soudaine.

Exemple :

> « J'ai bien tenté de me contenir, mais en entendant toutes ces absurdités, j'ai eu une montée de lait ! »

Avoir (ou **être**) **un visage à deux faces**

Signification : Être hypocrite.

Exemples :

> « Je n'aurais pas cru cela de toi, mais tu es un véritable visage à deux faces ! »

> « On ne me reprendra plus à travailler avec des gens qui ont un visage à deux faces. »

Brasser la cage (de quelqu'un)

Signification : Secouer quelqu'un dans le but de le déstabiliser.

Exemple :

> « Il ne réagissait pas. Je lui ai brassé la cage un peu pour lui faire réaliser ce qui se passait autour de lui. »

Broche à foin

Signification : Qui manque d'organisation.

Exemple :

> « Je voulais l'aider à terminer son projet, mais c'était beaucoup trop broche à foin pour moi ! »

Caler quelqu'un

Signification : Rabaisser quelqu'un devant autrui pour lui nuire.

Exemple :

> « J'aurais préféré qu'il me parle directement plutôt que de me caler devant les collègues du bureau. »

Ça me fait mal au cœur

Signification : Ça m'attriste.

Exemple :

> « Les reportages sur ce tsunami qui sévit me font mal au cœur. »

Ça regarde mal

Signification : C'est de mauvais augure.

Exemple :

> « Nous attendons le verdict du procès, mais pour l'instant, ça regarde mal. »

Dealer avec quelqu'un (ou **quelque chose**)

Signification : Apprendre à vivre avec quelqu'un (ou quelque chose), l'accepter.

Exemples :

> « Je sais que tu aurais préféré une autre issue, mais tu vas devoir apprendre à dealer avec l'opinion des autres. »

> « Je n'aime pas la nouvelle secrétaire, mais je vais dealer avec elle. »

En avoir dedans (y en a d'dans)

Signification : Avoir beaucoup d'énergie, de dynamisme.

Exemple :

> « Ces enfants m'ont fait la vie dure, ils en ont dedans ! »

En avoir plein son casque (*cass*)

Signification : En avoir assez, ne pas pouvoir en supporter davantage.

Exemple :

> « J'ai enduré tant que j'ai pu, mais là, j'en ai plein mon casque ! »

Être brûlé

Signification : Être fatigué, exténué.

Exemple :

> « Quelle journée ! Je suis brûlée ! »

Être dans l'eau chaude

Signification : Se retrouver dans une situation compromettante.

Exemples :

> « Avec ce que tu as fait, tu es dans l'eau chaude ! »

> « J'ai été discrète, mais je me suis fait prendre et je suis dans l'eau chaude ! »

Être down

Signification : Être démoralisé.

Exemple :

> « Ça fait déjà deux semaines qu'elle est down et ne veut rien faire. »

Être faite

Signification : Être cuit.

Exemple :

> « N'essaie même pas de te défendre, sur ce coup-là, t'es faite ! »

Être langue sale

Signification : Colporter des ragots, être commère.

Exemple :

> « Je suis certaine que c'est Jeanne qui a inventé cette histoire, elle est tellement langue sale ! »

Être sur les derniers milles

Signification : Être à bout de souffle, à court de ressources.

Exemples :

> « J'espère que ce contrat tire à sa fin, parce que je suis sur les derniers milles… »

> « Il faudra que je demande un prêt à la banque, parce que mes épargnes sont sur leurs derniers milles. »

Faire des free-games

Signification : Divaguer, perdre l'esprit.

Exemple :

> « Christophe était tellement en colère qu'il ne savait plus comment s'exprimer, il s'est mis à faire des free-games. »

Faire du train (ou **mener du train**)

Signification : Faire beaucoup de bruit.

Exemple :

> « Il y a des gens qui essaient de dormir ici ! Cesse donc de faire du train ! »

Faire la baboune

Signification : Bouder.

Exemple :

> « Ce n'est pas quelqu'un de très sympathique, toujours à faire la baboune ! »

Faire le saut

Signification : Sursauter sous l'effet de la surprise.

Exemple :

> « Je suis arrivée sans bruit et j'ai fait faire le saut à Marilyne. »

Faire son fin

Signification : Être vantard, se pavaner.

Exemple :

> « Sans son aide tu n'y serais jamais arrivé, alors cesse de faire ton fin ! »

Faire un fou de soi

Signification : Se ridiculiser.

Exemple :

> « Il a tellement voulu épater la galerie avec ses grands mots et ses manières qu'il a fait un fou de lui ! »

Filer bien (ben), **filer mal**

Signification : Se porter bien, se porter mal.

Exemples :

> « Mes vacances m'ont été profitables, je file bien ce matin ! »

> « C'est une dure épreuve pour lui, il file mal et ne cesse de pleurer. »

Filer doux

Signification : Faire preuve d'une attitude soumise, humble.

Exemple :

> « Après tout ce que je lui dois, je me promets bien de filer doux pour quelque temps ! »

Les émotions québécoises... à l'image des quatre saisons

C'est bien connu, les quatre saisons du Québec sont une des raisons qui y attirent des touristes du monde entier. L'hiver sans fin avec ses chutes de neige blanche, son automne féerique et ses arbres aux mille couleurs... mais qu'en pensent les Québécois ? Les saisons et les conditions climatiques qui s'y rattachent influent-elles sur les humeurs des gens d'ici... ?

Certainement ! Voici donc un petit résumé du cycle des saisons... et des émotions au Québec :

Possiblement à cause de sa durée interminable... l'hiver est probablement la saison qui influence le plus l'humeur des Québécois. Aussi, une certaine déprime semble flotter dans l'air au début du mois de novembre qui annonce souvent les premières neiges. Seule exception : les amateurs de ski, qui préparent leur équipement et attendent les grands froids avec impatience. Pour les autres, c'est un autre hiver qui s'annonce et que l'on redoute.

Au mois de décembre toutefois, l'ambiance s'améliore et les sourires illuminent les visages : le temps des fêtes arrive à grands pas et fait naître une appréciation des conditions hivernales... bonshommes de neige, sports d'hiver et promenades sous la neige, l'ambiance est à la fête !

Puis, inévitablement, arrive le mois de février... qui est, lui aussi, parsemé de tempêtes et de routes enneigées. Les jours se suivent et se ressemblent, et ce, jusqu'au mois de mars où tout à coup...

Le PRINTEMPS arrive ! Bien que synonyme pour tous de joie, d'amours nouvelles et d'oiseaux qui gazouillent, le printemps revêt un caractère particulier au Québec, en raison bien sûr des quatre ou cinq mois de froid qui le précèdent.

Bien que trop court, l'été soit bien présent au Québec.

☞

Les émotions québécoises... à l'image des quatre saisons *(suite)*

Terrasses bondées, minijupes et barbecues en plein air, toutes les raisons sont bonnes pour profiter de ces quelques mois d'accalmie ensoleillée. Tout le monde dehors... et si vous prenez le temps d'observer quelques instants autour de vous... vous verrez bien vite que les visages sont tout sourire !

Les jours raccourcissent et les feuilles des arbres se parent de leurs plus beaux atours, c'est l'arrivée de l'automne. Derniers instants dehors avec les enfants avant les froids hivernaux québécois, on se couvre légèrement et on profite des journées fraîches pour ratisser les feuilles et prendre ses réserves de soleil !

Grimper dans les rideaux

Signification : Se fâcher violemment.

Exemple :

> « David a peur d'avouer son erreur à son patron, il sait bien qu'il va grimper dans les rideaux en l'apprenant ! »

Hors de notre contrôle

Signification : Indépendant de notre volonté.

Exemple :

> « Il faut apprendre dans ce travail à accepter que certaines choses déplaisantes sont hors de notre contrôle. »

Il faut ce qu'il faut (*y faut ce qu'y faut*)

Signification : C'est un mal nécessaire.

Exemple :

> « Je sais que c'est pénible pour toi, mais il faut ce qu'il faut ! »

Je ne voudrais pas être dans ses souliers

Signification : Il est dans une situation peu enviable.

Exemple :

> « Je ne sais vraiment pas comment Lou arrivera à se sortir de ce pétrin… je ne voudrais pas être dans ses souliers ! »

Manger ses bas

Signification : Être en état de stress intense.

Exemple :

> « Il a eu tellement peur de ne pas y arriver, il en a mangé ses bas ! »

Monter sur ses grands chevaux

Signification : Se laisser emporter par la colère.

Exemple :

> « Je sais bien que tu es en colère, mais ce n'est pas utile de monter sur tes grands chevaux. »

Ne pas aimer la face de quelqu'un

Signification : Trouver quelqu'un antipathique.

Exemples :

> « Je sais que tu l'apprécies, mais moi, je ne lui aime pas la face ! »

> « Qu'est-ce que tu lui as donc fait ? Il ne t'aime vraiment pas la face ! »

Ne pas avoir les doigts dans le nez

Signification : Être habile, débrouillard.

Exemple :

> « Il ne travaille ici que depuis quelques jours, mais il apprend vite et il n'a pas les doigts dans le nez ! »

On n'est pas sorteux

Signification : On est casanier.

Exemple :

> « Tu passes nous voir quand tu veux, on n'est pas sorteux ! »

On n'est pas sorti du bois

Signification : On n'est pas tiré d'affaire.

Exemple :

> « J'espère que tu ne crois pas que cette situation se réglera rapidement, car on n'est pas sorti du bois ! »

Partir en peur

Signification : Se laisser emporter par des idées de grandeur.

Exemple :

> « Carl est très enthousiasmé par ce projet, mais je crains qu'il ne parte en peur. »

Partir sur une chire

Signification : Céder à l'engouement, déraper, déblatérer.

Exemple :

> « Je voulais tellement tout dire que je suis parti sur une chire sans même m'en rendre compte ! »

Péter une coche

Signification : Perdre la tête, agir sous le coup de l'impulsion.

Exemple :

> « L'homme a entrepris de trop grands projets et dans un élan d'inspiration, il a pété une coche. »

Péter une crise de nerfs

Signification : Perdre son sang-froid, être hors de soi.

Exemple :

> « Jeanne a été patiente à l'hôpital, mais après douze heures sans résultats, elle a pété une crise de nerfs à l'infirmière. »

Pleurer comme une madeleine

Signification : Pleurer abondamment, sans arrêt.

Exemple :

> « Certains ont exprimé leur chagrin discrètement, d'autres ont pleuré comme une madeleine. »

Prendre ça cool

Signification : Garder son calme.

Exemple :

> « Lydia aurait bien des raisons de s'énerver, mais devant la situation, elle réussit tout de même à prendre ça cool. »

Prendre quelqu'un par surprise

Signification : Surprendre quelqu'un.

Exemple :

> « Comme nous nous connaissons peu, son offre m'a prise par surprise ! »

Rentrer dedans (*rentrer d'dans*)

Signification : Invectiver quelqu'un avec force.

Exemples :

> « Même si elle l'avait bien mérité, j'ai trouvé que Caroline a été dure quand elle lui a rentré dedans. »

> « J'ai eu beau m'excuser, il m'a tout de même rentré dedans. »

Respirer par le nez

Signification : Se calmer (ou tenter de se calmer).

Exemple :

> « C'est difficile, je sais, mais essaie de respirer par le nez un instant ! »

Sauter au plafond

Signification : Sauter de joie.

Exemple :

> « C'était toute une surprise pour moi ! J'ai sauté au plafond ! »

Se brancher

Signification : Prendre une décision, faire un choix.

Exemples :

> « Ça fait déjà des heures que tu pèses le pour et le contre. Branche-toi ! »

> « Même s'il prend un risque, il va devoir se brancher ! »

Se donner du trouble

Signification : Compliquer les choses sans raison.

Exemple :

> « L'itinéraire était pourtant très simple ! Comme tu aimes te donner du trouble ! »

Se lâcher lousse

Signification : Se laisser aller à faire des folies.

Exemples :

> « Alex a pris quelques verres de trop et s'est lâché lousse. »

> « Avec ma nouvelle augmentation de salaire, je vais pouvoir me lâcher lousse un peu ! »

Se prendre pour un autre

Signification : Se surestimer, se croire mieux qu'on ne l'est en réalité.

Exemple :

> « Je le connais depuis longtemps, mais depuis quelques années, il se prend pour un autre. »

Se revirer de bord

Signification : Dans une situation difficile, s'adapter rapidement aux imprévus.

Exemple :

> « Pour être efficace, il faudra que tu apprennes à te revirer de bord plus rapidement ! »

Se tenir les fesses serrées (ou marcher les fesses serrées)

Signification : Tenter de passer inaperçu.

Exemple :

> « Denis a été dénoncé, il va falloir qu'il se tienne les fesses serrées. »

> « Lola sait qu'elle a eu tort, elle marche les fesses serrées. »

Son chien est mort

Signification : Sa situation est désespérée, sans issue.

Exemple :

> « Tout le monde a voulu l'aider, mais aujourd'hui, je crois que son chien est mort. »

Sortir quelqu'un du trou

Signification : Tirer quelqu'un d'embarras.

Exemple :

> « Émilie a fait preuve de beaucoup de compassion en sortant Léa du trou. »

So so

Signification : Comme ci comme ça.

Exemple :

> « Comment vas-tu aujourd'hui ?

– So so. »

Tomber en bas de sa chaise

Signification : Être estomaqué.

Exemple :

> « Je m'attendais à un spectacle de grande qualité, mais je suis littéralement tombé en bas de ma chaise ! »

Tomber sur le système (de quelqu'un)

Signification : Taper sur les nerfs de quelqu'un.

Exemple :

> « Malgré tous ses efforts, Jérémie me tombe sur le système. »

Virer sur le top (su'l top)

Signification : Perdre la tête.

Exemple :

> « On a tous tenté de la raisonner, mais il n'y a rien à faire, elle est virée sur le top ! »

Chapitre 4

Conversations courantes

- **Astheure** que je me suis fait **pogner** à conter des **mentries**, elle ne voudra plus me parler.
- **Possiblement**, mais c'est pas une **couple** de **mentries** qui brisent une amitié.
- Moi **itou** je pense comme toi, à **cent mille à l'heure** ! Après tout c'est un **adon** qu'elle ait appris la vérité.
- C'est vrai que tu es **badeloqué**, mais si tu veux réparer ton erreur, va falloir que tu lui dises ce que tu penses **en pleine face**.
- Je ne suis pas **à la veille** de faire ça, **tsé**.
- Ne m'**ostine** pas et viens avec moi, **ce n'est pas la fin du monde** ce qui est arrivé et nous allons tout arranger !

Dans ce chapitre, vous retrouverez des termes et expressions employés couramment, des généralités ainsi que des « inclassables ». Une lecture enrichissante et hétéroclite !

Vocabulaire

Adon

Signification : Bonne chance, hasard, accord fortuit de deux personnes pour penser, dire ou faire simultanément la même chose.

 Provenance : Substantif québécois du verbe adonner, qui signifie « convenir ».

Exemple :

> « Quel adon, j'allais justement t'appeler ! »

Badeloque (badeloqué)

 Signification : Malchance (malchanceux).

<u>Emprunt à l'anglais</u>

Exemples :

> « Il faudrait vraiment une badeloque pour que j'annule ce rendez-vous ! »

> « Je suis vraiment badeloqué aujourd'hui, ça fait deux fois que je rate l'autobus ! »

Caler

Signification : 1. S'enfoncer.

> 2. Boire rapidement en terminant d'un seul coup son breuvage.

> 3. Perdre ses cheveux, devenir chauve.

<u>Erreur grammaticale</u>

Provenance : Utilisation erronée du terme, qui signifie « stabiliser, immobiliser », ou qui peut être employé pour parler d'un bateau qui s'enfonce dans l'eau.

Exemples :

> 1. « Pas moyen de se rendre au chalet, on cale beaucoup trop dans la neige. »

> 2. « Cale ta bière et je t'en paye une autre ! »

> 3. « Mon père cale tellement, bientôt il n'aura plus de cheveux. »

Canter

Signification : 1. Incliner, pencher.

2. Se coucher pour dormir, faire des roupillons.

<u>Archaïsme français</u>

Provenance : Il semble qu'il pourrait avoir son origine dans le mot eschanteler du vieux français.

Exemples :

> « Tu devrais le canter un peu plus, c'est plus beau de biais. »

> « Je vais monter me coucher, je suis en train de canter sur le divan. »

Chanson à boire

Chaque culture possède sa chanson à boire.

Voici ce qui est chanté au Québec, pour que quelqu'un finisse son verre d'alcool rapidement :

Hé glou hé glou

Cale ton verre

Cale ton verre

Et surtout, ne le renverse pas ah ah

Hé porte-le au front ti-bus

Au nez ti-bus

Au menton-bus

Au sexe i-bus

Hé glou hé glou hé glou hé glou...

(à chanter pendant que la personne boit son verre, n'arrêter que quand le verre est vide)

Il est des nôtres

Il a bu son verre comme les autres

C'est un ivrogne

Il a bu son verre pourvu que ça cogne !

Ce petit rituel est souvent employé aux anniversaires de naissance, où le fêté se fait payer un verre d'alcool et doit le caler devant tout le monde.

Couple (*coup'*)

Signification : Quelques-uns.

<u>Archaïsme français</u>

Provenance : Utilisé sous sa forme masculine (un couple) dans certaines régions de France.

Exemple :

> « Je vais prendre une couple de paires de chaussettes, SVP. »

Échapper

Signification : Laisser tomber quelque chose sur le sol.

Erreur grammaticale

Provenance : Utilisation erronée du terme, qui signifie « s'enfuir », ou « cesser d'être tenu » en parlant d'une chose.

Exemple :

> « J'ai dû échapper mon ticket de métro, il n'est plus dans mes poches. »

Faker (du fake)

 Signification : Faire semblant (frime, faux).

Emprunt à l'anglais

Exemples :

> « Arrête de faker, tu ne t'es même pas fait mal en tombant ! »

> « C'est du fake, ces chaussures sont une imitation de la marque Adidas. »

Full (*foul*)

 Signification : Beaucoup, plein.

Emprunt à l'anglais

Exemples :

> « Il y avait full de monde au spectacle samedi. »

> « Je suis full, je ne prendrai pas de dessert. »

Grafigner (grafigne, grafignure)

Signification : Égratigner, érafler (éraflure, égratignure).

Provenance : Dérivé des termes corrects cités dans la définition.

Exemples :

> « Mon chat m'a grafigné le bras avec ses griffes. »

> « J'ai une grafigne qui me picote sur le bras. »

Itou

 Signification : Aussi.

<u>Anglicisme</u>

Provenance : Dérivé de l'anglais me too, qui signifie « moi aussi ».

Exemple :

> « Si mon frère va au cinéma, je veux y aller moi itou ! »

Jaser (jasette)

Signification : Discuter, avoir une conversation, sans être péjoratif (discussion).

<u>Erreur grammaticale</u>

Provenance : Utilisation erronée du terme et de ses dérivés, qui signifie « babiller » ou « médire ».

Exemples :

> « J'ai jasé une heure avec grand-papa avant de me mettre au lit hier soir. »

> « Il a de la jasette, ça lui prend du temps de faire ses courses, il parle à tout le monde. »

Joual

Signification : Terme employé pour désigner le parler populaire québécois.

 Provenance : Déformation du mot cheval, écrit comme il se prononçait avec l'accent des Québécois de l'époque.

Exemple :

« Le joual n'est pas de mise à la télévision. »

Le joual

Le *joual* est le terme utilisé pour désigner les particularités du parler québécois. L'utilisation du joual dans les arts, en public et dans les discours officiels a longtemps été controversée. Même au Québec, le joual était considéré comme une aberration de la langue française et comme étant réservé au *petit peuple*. C'est dans les années soixante, dans une période appelée la *Révolution tranquille*, que le peuple québécois a commencé à s'affirmer dans sa propre langue et que des artistes se sont mis à s'exprimer en joual. Robert Charlebois est un des premiers chanteurs à utiliser le joual dans ses chansons et Michel Tremblay à écrire ses romans dans cette langue.

Aujourd'hui, le joual est couramment rencontré au cinéma, au petit écran (dans les séries télé, mais jamais dans un bulletin d'informations !), dans certains romans et chansons. Cependant il n'est pas de mise de l'employer dans des conversations professionnelles, des allocutions formelles et à l'écrit.

Toé pis moé qui va maller ma lettre en char (Toi et moi qui allons poster mon courrier en voiture) est donc une citation québécoise tirée d'une conversation de salon et non d'un article de journal !

Magasiner

Signification : Faire les boutiques, faire du shopping.

Provenance : Création d'un verbe découlant de « magasin ».

Exemple :

« Nous devons aller magasiner pour la soirée de dimanche. »

Menterie (mentrie)

Signification : Petit mensonge.
<u>Archaïsme français</u>

Provenance : Employé au xiiie siècle, encore utilisé dans certaines régions de France aujourd'hui.

Exemple :

> « Ne conte pas de menterie, c'est toi qui as volé mon journal intime ! »

Ostiner (ostinage, ostineux)

 Signification : Se quereller verbalement, s'entêter à avoir raison (joute orale, obstiné).

 Provenance : Dérivé du verbe obstiner, qui a la même signification.

Exemples :

> « Arrête de m'ostiner, c'est moi qui ai raison ! »

> « Gilbert est ostineux, à l'écouter c'est lui qui a toujours raison. »

Piler

Signification : Marcher sur.
<u>Erreur grammaticale</u>

Provenance : Utilisation erronée du terme, qui signifie « réduire en menus fragments ».

Exemple :

> « Ne pilez pas sur le plancher, il est frais lavé. »

Piton (pitonner)

Signification : Bouton, touche (tapoter sur des touches, zapper).
<u>Erreur grammaticale</u>

Provenance : Utilisation erronée du terme et de ses dérivés, désignant les « éminences isolées en forme de pointe » ou une sorte de clou.

Exemples :

> « Il est où le piton pour mettre le grille-pain en marche ? »

> « Arrête de pitonner sur la télécommande et choisis une émission ! »

Pogner

Signification : 1. Attraper.

2. Piger, comprendre quelque chose.

3. Prendre quelqu'un sur le fait, le pincer.

 Provenance : Dérivé du verbe empoigner, qui signifie « attraper ».

Exemples :

1. « Il a pogné une méchante grippe ! »

2. « Je viens de pogner la blague que tu as faite plus tôt ! Elle est très drôle ! »

3. « C'est là que je te pogne, c'est toi qui utilises toujours mon agrafeuse ! »

Possiblement

Signification : Peut-être.
<u>Archaïsme français</u>

Provenance : adverbe découlant de « possible », utilisé au XIVe siècle en France et repris au Québec au XXe siècle sous l'influence de l'anglais possibly.

Exemple :

> « Il fera possiblement partie de l'équipe de hockey. »

Scèner (scèneux)

 Signification : Écornifler, épier (curieux, quelqu'un qui scène)

Provenance : Dérivé du terme « scène ».

Exemple :

> « Est-ce que tu serais en train de scèner dans mes affaires, tu as le nez dans mon sac ! »

S'enfarger

Signification : Trébucher sur quelque chose, buter sur les mots.

Archaïsme français

Provenance : Encore employé dans le centre de la France.

Exemples :

> « Ramasse tes jouets, sinon nous allons nous enfarger dedans ! »

> « Je ne suis pas satisfait de mon exposé, je me suis enfargé deux fois. »

Splasher

Signification : Arroser, asperger, éclabousser.

Anglicisme

Provenance : Dérivé du verbe anglais *to splash*, qui a la même signification.

Exemple :

> « Il lavait la vaisselle et m'a splashé l'eau dans le visage ! »

Taponner

Signification : Bricoler quelque chose sans grande conviction, explorer un sujet dont on ne connaît rien.

Archaïsme français

Provenance : Verbe qui signifiait « coiffer les cheveux en tapon », coiffure de dame du temps de Louis XIV.

Exemple :

> « Je ne fais rien d'intéressant, je taponne sur l'ordinateur. »

Tsé

Signification : Tu sais, mais aussi employé pour ponctuer les phrases.

Provenance : Contraction de « tu sais ».

Exemple :

> « Maman, je te jure que ce n'est pas moi qui l'ai volé, tsé. »

Zigonner

Signification : Essayer de réparer quelque chose avec maladresse, perdre son temps.
<u>Archaïsme français</u>

Provenance : Provient de la sonorité zik, qui évoque un mouvement rapide, zigonner s'emploie encore aujourd'hui en France sous d'autres significations.

Exemple :

> « Il a zigonné sur ma radio, mais elle ne fonctionne pas encore. »

Expressions populaires du langage courant

À cause que

Signification : Parce que.
<u>Archaïsme français</u>

Exemple :

> « Il est parti à cause qu'il était fatigué. »

À cette heure *(asteure)*

Signification : Maintenant, dorénavant, présentement.

Archaïsme français

Provenance : Ce terme a, entre autres, été relevé chez Balzac et était en usage au XVIe siècle.

Sous des variations phonétiques, ce terme est aussi d'usage courant de nos jours en Belgique.

Exemple :

> « Asteure je veux que tout le monde soit présent aux réunions ! »

À date

Signification : Jusqu'à maintenant, jusqu'à présent.
Anglicisme

Exemple :

> « À date je n'ai reçu aucun appel. »

À part de ça (*à part de tsa*)

Signification : Pas à peu près, pas juste un peu.

Innovation québécoise

Exemple :

> « Pis il allait assez vite à part de ça ! »

Au coton

Signification : À l'extrême.

Exemple :

> « Hier il y avait du monde au coton ! »

Avoir bien en belle (*ben'en bel*)

Signification : Être en droit de, avoir beau jeu, avoir le pouvoir.

Exemple :

> « Si tu veux quitter ton emploi, bien t'as ben en belle mon petit gars. »

Avoir pour son dire que

Signification : Être d'avis que.

Exemple :

> « Moi j'ai pour mon dire que la fidélité est primordiale dans le couple. »

Ça fait que (*ça fa que*)

Signification : Alors.

 Exemple :

> « Ça fait que quand je suis arrivée, tout le monde était parti. »

Cent mille à l'heure

Signification : Superlatif signifiant « nettement, parfaitement ».

 Exemple :

> « Je suis d'accord avec toi à cent mille à l'heure ! »

C'est de valeur

Signification : C'est dommage, malheureux, regrettable.

 Exemple :

> « C'est de valeur que Geneviève ne vienne pas à la pêche avec nous. »

C'est en plein ça

Signification : C'est exactement ça.

 Exemple :

> « C'est en plein ça, tu as trouvé la bonne réponse ! »

C'est quoi ?

Signification : Qu'est-ce que c'est ?

Exemple :

« C'est quoi que tu tiens dans ta main ? »

En pleine face

Signification : Directement, sans détour.

Exemple :

« Je vais lui dire la vérité en pleine face. »

Envoyer une craque

Signification : Faire une remarque désobligeante, une taquinerie.

Exemple :

« Lucien n'arrêtait pas d'envoyer des craques insinuant que Julie a pris du poids. »

Être à la veille de (*être à veuille*)

Signification : Être près de, être sur le point de.

Exemple :

« Es-tu à la veille de terminer tes devoirs ? »

Faire quelque chose d'une chotte

Signification : D'un seul coup, brusquement, soudainement, en deux temps trois mouvements.
<u>Emprunt à l'anglais</u>

Exemple :

« J'ai répondu au quiz d'une chotte. »

Fermer sa boîte

Signification : Arrêter de parler.

Exemple :

« Ferme ta boîte et laisse-moi parler un peu pour changer. »

Fin de semaine

Signification : Week-end.

 Exemple :

« Je vais profiter de la fin de semaine pour amener mes enfants au zoo. »

Mais que

Signification : Quand, au moment où.

 Exemple :

« Tu m'appelleras mais que tu auras des nouvelles de Priscilla. »

Ne pas faire un pli

Signification : Laisser indifférent.

 Exemple :

« Ça ne lui fait pas un pli que son ex-petite amie parte en Chine. »

Penser croche

Signification : Prendre à tort des propos comme étant à caractère sexuel.

 Exemple :

« Ermin pense toujours croche, tout ce que je dis, il rattache ça au sexe. »

Promesse en l'air

Signification : Une promesse farfelue, qui ne sera pas tenue.

 Exemple :

« Arrête avec tes promesses en l'air, tu ne viens jamais voir ton fils jouer au football. »

Sans farce

Signification : En réalité, sérieusement.

 Exemple :

> « Sans farce, j'en ai vendu vingt-cinq en une seule journée. »

Se faire enfirouaper

Signification : Se faire tromper, berner.

Anglicisme

Provenance : Dérivé de l'anglais *In fur wrapped*, faisant référence aux Anglais qui autrefois portaient des manteaux de fourrure alors que les Français étaient vêtus de vêtements de lin grossiers.

Exemple :

> « La compagnie m'a enfirouapé avec ses supposées aubaines ! »

Le vouvoiement

Autrefois très répandu, le vouvoiement est aujourd'hui en voie de disparition au Québec. Les jeunes ne vouvoient plus leurs enseignants, leurs oncles et leurs tantes, et un grand nombre d'entre eux passent outre pour les grands-parents également.

La formule officielle de politesse est de vouvoyer les personnes qui sont plus âgées que nous, surtout quand ce sont des étrangers. Cependant, ne soyez pas choqué de vous faire tutoyer, car cette politesse n'est pas appliquée par tous !

Se tanner de

Signification : Se lasser.

Erreur grammaticale

Exemple :

> « Je me suis tannée de travailler, je vais rentrer à la maison. »

Sizer quelqu'un

Signification : Juger, jauger quelqu'un.

<u>Anglicisme</u>

Exemple :

> « J'ai de la difficulté à le sizer lui, on ne sait pas trop ce qu'il veut. »

Le « tu veux-tu »

Voulez-vous… ?

Au Québec comme en France, c'est la manière normale et polie de demander à une personne si elle veut quelque chose. Les Québécois ont cependant décidé d'étendre la formulation pour créer le *tu veux-tu* ?

Tu veux-tu une autre portion de gâteau ?

Tu veux-tu venir te baigner avec moi ?

Tu veux-tu m'acheter des biscuits au chocolat en allant à l'épicerie ?

Pendant votre séjour dans la Belle Province, cette formule syntaxique risque de vous écorcher les oreilles très souvent. Elle est employée à l'oral par pratiquement tous les Québécois… à leur insu. En effet, cette erreur de locution est tellement ancrée dans le langage québécois, que les gens l'emploient sans s'en rendre compte.

Expressions

Attendre quelqu'un avec une brique et un fanal

Signification : Attendre quelqu'un de pied ferme, en prenant toutes les précautions nécessaires.

Exemple :

> « Il est deux heures du matin et il n'a pas
> téléphoné pour m'avertir de son retard, tu peux
> être certaine que je l'attends avec une brique et
> un fanal ! »

Avoir une poignée dans le dos

Signification : Être pris pour une bonne poire, pour
une cruche.

Exemple :

> « Voir si j'allais croire ton histoire, est-ce que j'ai
> l'air d'avoir une poignée dans le dos ? »

Ça ne vaut pas de la schnoutte (*ça vaut pas d'la schnoutte*)

Signification : C'est de la camelote ! Ça ne vaut rien !

Exemple :

> « La télévision que tu m'as vendue ne fonctionne
> déjà plus, elle ne valait pas de la schnoutte ! »

C'est arrangé avec le gars des vues

Signification : Se dit d'un événement apparemment
truqué.

Exemple :

> « La loterie c'est arrangé avec le gars des vues,
> personne ne gagne jamais ! »

C'est la cerise sur le sundae

Signification : C'est le comble !

Exemple :

> « J'ai perdu mon emploi, mon auto est brisée, si
> ma copine me laisse, ce sera bien la cerise sur
> le sundae ! »

Ce n'est pas la fin du monde

Signification : Ce n'est pas catastrophique, ce n'est pas si extraordinaire.

Exemple :

> « Bon d'accord, tu as perdu tes clés, mais ce n'est pas la fin du monde. »

Dans la semaine des quatre jeudis

Signification : À la saint-glinglin, à un moment très lointain, qui ne surviendra jamais.

Exemple :

> « Il m'a fait tellement mal, la prochaine fois que je retournerai chez le dentiste, ce sera certainement dans la semaine des quatre jeudis ! »

Dans le temps de le dire

Signification : Rapidement, en un rien de temps.

Exemple :

> « Il a dîné dans le temps de le dire, il voulait retourner jouer dehors. »

Écouter (entendre) à travers les branches

Signification : Prendre connaissance de quelque chose de manière indirecte ou de façon indiscrète.

Exemples :

> « J'ai écouté à travers les branches et j'ai appris que la compagnie allait faire faillite. »

> « J'ai entendu à travers les branches que Meredith était à nouveau enceinte. »

En beurrer épais

Signification : En rajouter à profusion.

Exemple :

> « Il beurre épais en nous parlant de cette aubaine qu'il a obtenue, en réalité ce n'est que 10 % de rabais qu'il a gagné en négociant. »

Faire des accroires à quelqu'un

Signification : Lui faire croire des faussetés, monter un bateau (se dit aussi au Québec).

Exemple :

> « Ne lui fais pas des accroires, dis-lui que la fée des dents n'existe pas ! »

Faire des farces plates

Signification : Faire des plaisanteries de mauvais goût.

Exemple :

> « Arrête avec tes farces plates, tu vois bien que personne ne te trouve drôle. »

Faire quelque chose par la bande

Signification : Faire quelque chose par moyen détourné, indirectement.

Exemple :

> « J'ai obtenu mes billets par la bande, il n'en restait plus, mais j'ai utilisé mes contacts. »

Faire un coup de cochon à quelqu'un

Signification : Commettre une bassesse à l'endroit de quelqu'un, le trahir.

> Équivalent de « faire un coup bas ».

Exemple :

> « Ils m'ont fait un coup de cochon en ne se pointant pas à l'entrevue alors que je les attendais ! »

Frapper le jackpot

Signification : Avoir atteint son but, obtenu la meilleure part, se dit aussi par dérision pour signifier que l'on a eu la pire part.

Exemples :

> « Ils ont frappé le jackpot, ils étaient assis dans la rangée A et Céline Dion leur a touché la main ! »

> « Il a frappé le jackpot : une bronchite et une amygdalite en même temps ! »

Gager sa chemise

Signification : Être assuré, n'avoir aucun doute.

Exemple :

> « Je gage ma chemise qu'elle ne te rappellera pas suite à ce rendez-vous ! »

Mettre ça sur la glace

Signification : Remettre quelque chose à plus tard.

Exemple :

> « Nous allons devoir mettre ça sur la glace, nous n'avons plus le budget pour partir en voyage. »

Ne pas avoir la langue dans sa poche

Signification : Ne pas avoir peur d'affirmer ses opinions.

Exemple :

> « Jérémie n'a pas la langue dans sa poche, il dit toujours tout ce qu'il pense. »

Pousse mais pousse égal

Signification : Il ne faut pas exagérer.

Exemple :

> « Pousse mais pousse égal, c'est impossible qu'il y ait eu cent personnes à ton *party* ! »

Prendre le large

Signification : Partir, déguerpir.

Exemple :

> « Mon ex-mari a pris le large sans rien dire, ça fait trois ans que je n'ai pas entendu parler de lui. »

Qu'est-ce que ça mange en hiver ?

Signification : Qu'est-ce que c'est ? C'est bizarre.

Exemple :

> « Merci pour le cadeau, mais je ne vois pas trop c'est quoi, qu'est-ce que ça mange en hiver ? »

Se faire passer un sapin

Signification : Se faire duper, tromper.

Exemple :

> « Il s'est fait passer un sapin, il a payé trop cher pour ce que ce véhicule vaut en réalité. »

Se faire pogner les culottes à terre (les culottes baissées)

Signification : Se faire prendre à l'improviste.

Exemple :

> « Ouin, je te pogne les culottes baissées, à minuit encore devant la télévision ! »

Se parler dans le blanc des yeux

Signification : Se parler franchement, sans détour.

> Équivalent de « se dire ses quatre vérités ».

Exemple :

> « Chéri, tu sens le parfum de femme, viens qu'on se parle dans le blanc des yeux ! »

Se payer la traite

Signification : Se faire plaisir, en profiter.

Exemple :

> « Ils se sont payé la traite dans le Sud, ils sont sortis tous les soirs. »

Un chausson avec ça ?

Signification : Expression dite sur un ton ironique pour demander à quelqu'un qui exagère s'il veut encore autre chose.

Exemple :

> « Ça fait trois fois que tu m'empruntes ma voiture cette semaine, veux-tu un chausson avec ça ? »

Un vrai bijou

Signification : Une véritable merveille.

Exemple :

> « Mon petit-fils est un vrai bijou, j'adore quand il vient à la maison ! »

Chapitre 5

Exclamations et interjections

- **Au bout**, ta nouvelle voiture !
- Ah ben tu sais, j'ai attendu tellement longtemps pour me l'offrir… **m'as te** faire faire un tour, embarque !
- **Écœurant** ! Me laisses-tu prendre le volant ?
- **Mets-en ! C'est plate à dire, mais** tu ne pourras pas t'en payer une comme ça de sitôt !
- **Définitivement** ! T'as raison !
- **Eille** ! Embarque avant que je change d'idée !

Ce chapitre présente des exclamations et interjections employées quotidiennement dans le français québécois. Utilisées à l'oral seulement et présentes en grand nombre, seules les expressions les plus fréquemment utilisées ont été retenues.

Pour rendre votre lecture plus facile, l'icône « À l'oral seulement » n'est pas présente dans cette section, puisque cette dernière s'applique à tous les mots et expressions qui y sont présentés.

A

Signification : Pronom personnel « elle ».

Exemples :

> « A va être en retard si a continue à perdre son temps ! »

> « A préfère le chocolat à la vanille. »

« Allô ! »

Si en France l'interjection « Allô ! » n'est utilisée que pour répondre au téléphone, au Québec, il en va tout autrement. Pour saluer quelqu'un qui arrive, pour introduire une question ou entamer une discussion… le « Allô ! » est utilisé à toutes les sauces !

Par une préposée au service clientèle d'un grand magasin :

« Allô ! Puis-je vous aider ? » ou « Allô ! Vous cherchez quelque chose de particulier ? »

Par une réceptionniste :

« Allô ! Nathalie à l'appareil, que puis-je faire pour vous ? »

Par un enfant qui entre dans la demeure de ses grands-parents :

« Allô Mamie ! Je suis arrivé ! Tu es où ? »

Alors ne soyez pas étonné du nombre de fois dans une journée où vous entendrez ce « Allô ! » sympathique… chez nous, il est synonyme de « Bonjour ! »

Ah ben !

Signification : Eh bien !

Exemple :

> « Ah ben ! Il pleut encore aujourd'hui… »

All set ?/!

Signification : Ça y est ? Tout est prêt ?/Tout est prêt !

Exemples :

> « J'ai mis tous les bagages dans la voiture. All set ? »

> « J'ai tous les documents pour la réunion. All set ! »

Anyway !

Signification : De toute manière… quoi qu'il en soit… bref…

Exemple :

> « N'essaie pas de lui donner des conseils… anyway, il n'en fera qu'à sa tête ! »

Aoutch !

Signification : Ouille !

Exemple :

> « Aoutch ! Je me suis cogné la tête contre cette table ! »

À planche !

Signification : À fond !

Exemple :

> « J'ai fait 10 kilomètres de vélo ce matin. À planche ! »

Atchou !

Signification : Atchoum !

Exemple :

> « Il éternuait sans cesse. Atchou ! Atchou ! Atchou ! »

Au bout ! (C't'au bout !)

Signification : Formidable !

Exemples :

> « Le spectacle de cet artiste est au bout ! »

> « C't'au bout ! J'ai eu la promotion que j'attendais ! »

Ayoïe !

Signification : Ça alors !

Exemple :

> « Ayoïe ! Qui aurait cru qu'il pourrait gagner ces élections ? »

Ben là !

Signification : Allons donc !

Exemple :

> « Ben là ! Personne ne pourra croire cette histoire ! »

Ben voyons donc !

Signification : Sans blague !

Exemples :

> « Ben voyons donc ! Où as-tu entendu pareille rumeur ? »

> « Tu as réussi à convaincre ton patron ? Ben voyons donc ! »

Bienvenue !

Signification : Je vous en prie... il n'y a pas de quoi... (en réponse à des remerciements).

Exemple :

> « Je vous remercie du temps que vous m'avez accordé !
>
> – Bienvenue ! »

Bon ben bonjour là !

Signification : Allez, au revoir !

Exemple :

> « Nous devrions partir ; il se fait tard et nous devons nous lever tôt demain matin... bon ben bonjour là ! »

Ç'a pas d'allure !

Signification : Cela n'a pas de bon sens !

Exemples :

> « Tu as vu le prix de cette voiture ? Ç'a pas d'allure ! »

> « Ç'a pas d'allure, elle n'a toujours pas trouvé d'emploi ! »

Ça se peux-tu (*ça s'peux-tu*)

Signification : Est-ce possible.

Exemple :

> « Il a eu 100 % à l'examen, ça se peux-tu ! »

Ça va faire (**là**) !

Signification : Ça suffit comme ça !

Exemple :

> « Ça fait deux semaines que tu pleures sur ton sort. Ça va faire ! »

C'est assez (**là**) ! (*C't'assez là*)

Signification : Ça suffit !

Exemple :

> « C'est assez là ! Tu as perdu assez de temps sur ce dossier ! »

C'est correct

Signification : Tout est bien, ça va.

Exemple :

> « C'est correct, je ne me suis pas fait mal en tombant. »

C'est plate à dire, mais...

Signification : C'est dommage, mais... (précède un commentaire dont on sait qu'il est déplacé ou qu'il pourrait être choquant).

Exemple :

> « Je sais que tu es en colère. C'est plate à dire, mais tu l'as bien cherché ! »

Définitivement !

Signification : Absolument !

Exemple :

> « Si je veux t'accompagner ? Définitivement ! »

Écœurant !

Signification : Incroyable ! (de manière positive ou agréable).

Exemple :

> « C'est le meilleur film que j'ai vu ! Écœurant ! »

Eille !

Signification : Hé ! (généralement utilisé pour interpeller quelqu'un).

Exemple :

> « Eille Catherine ! Viens déjeuner avec nous ! »

J'en ai assez !

Signification : J'en ai marre !

Exemple :

> « Tu commets sans cesse les mêmes erreurs. J'en ai assez ! »

M'as

Signification : Je vais...

Exemples :

> « Après le déjeuner, m'as aller faire les courses. »

> « Si tu ne fais pas d'efforts, m'as arrêter de t'aider ! »

M'as't

Signification : Je vais te…

Exemple :

> « Je croyais que tu savais comment faire. Attends, m'as't'expliquer. »

Me niaises-tu ?

Signification : Est-ce que tu te paies ma tête ?

Exemple :

> « Tu as gagné à la loterie ! Me niaises-tu ? »

Mets-en !

Signification : Tu parles !

Exemple :

> « As-tu pris toutes les précautions nécessaires ?
> – Mets-en ! »

Mettons !

Signification : Si on veut…

Exemple :

> « J'espère que tu es d'accord avec les projets que j'ai proposés à l'assemblée ?
>
> – Oui, mettons. »

Monde (Y a du monde)

Signification : Il y a foule.

Exemples :

> « J'avais prévu m'arrêter au marché, mais y a trop de monde ! »

> « Les organisateurs ont été pris de court ; y avait trop de monde ! »

Pantoute !

Signification : Rien… Pas du tout !

Exemples :

> « J'ai rien compris pantoute à ce qu'il disait ! »

> « Est-ce toi qui as pris cette veste que je cherche ?

> – Pantoute ! »

Pas à peu près !

Signification : Complètement !

Exemple :

> « J'ai pris la mauvaise route et je me suis perdu pas à peu près ! »

Tantôt

Signification : Plus tôt… plus tard… (s'emploie à toute heure du jour ou de la nuit).

Exemples :

> « Martine devrait arriver bientôt, elle m'a confirmé sa présence tantôt. »

> « Je peux faire cette course pour toi tantôt, je dois passer au marché en fin de journée. »

Un, deux, trois, Go !

Signification : … Partez !

Exemple :

> « Vous êtes tous prêts ? Un, deux, trois, Go ! »

Wô là !

Signification : Tout doux !... Doucement !

Exemples :

> « Wô là ! Parle calmement, je ne comprends rien quand tu t'énerves ! »

> « Tu conduis beaucoup trop vite ! Wô là ! »

Y

Signification : Pronom personnel « il » (peut aussi être employé en remplacement du pronom indéfini « il » impersonnel).

Exemples :

> « Le ciel s'ennuage, y va pleuvoir sous peu. »

> « Sa mère a eu beau le lui expliquer plusieurs fois, y veut rien comprendre. »

Y a rien là !

Signification : Ce n'est rien !

Exemple :

> « Ne t'en fais pas pour cette faute. Y a rien là ! »

> « Y a rien là ! Ce déluge ne m'empêchera pas de sortir ! »

Chapitre 6

Informations et situations d'urgence

· ·

✔ Es-tu certain que ta voiture est **sécuritaire** ?

✔ Certain. Le garagiste l'a inspectée la semaine dernière après que j'ai remarqué de la **boucane** qui s'échappait du moteur…

✔ Tu as la **mappe** ? Je ne voudrais pas qu'on **s'écarte** en chemin !

✔ Oui, je l'ai dans mon sac. Le chemin est simple, tu n'as qu'à tourner à **drette** au prochain **rang**.

✔ Continue de me donner les indications… **à la noirceur**, je ne vois rien de ce qui est inscrit sur les pancartes sur le **bord** du chemin.

✔ Sans problème ! Si tu veux être certain de te rendre, arrête au **dépanneur** à gauche, on demandera notre chemin.

Parce que les situations d'urgence sont celles où il importe le plus de comprendre et de se faire comprendre, ce chapitre vous aidera à trouver les mots pour demander votre chemin ou trouver les informations qui vous seront utiles lors de votre séjour en sol québécois.

Vocabulaire

Bord

Signification : Côté.

<u>Archaïsme français</u>

Provenance : Signifiait à l'origine le « côté d'un bateau ».

Exemple :

> « Je sais que nous sommes dans la bonne direction, mais à l'intersection, je tourne de quel bord ? »

Boucane

Signification : Fumée.

Exemple :

> « Je crois qu'il y a un incendie, je vois de la boucane sous la porte ! »

Caméra

Signification : Appareil photo.

<u>Emprunt à l'anglais</u>

Exemple :

> « Sors ta caméra et prends une photo de ce paysage d'hiver ! »

Checker (tchecker)

Signification : Surveiller, vérifier.

<u>Anglicisme</u>

Provenance : Dérivé de l'anglais to check qui signifie « vérifier ».

Exemple :

> « Je regarde de mon côté, check du tien et dis-moi si tu vois des indications. »

Dépanneur

Signification : Petit commerce ouvert à toute heure du jour et de la nuit où l'on peut se procurer quelques aliments de base et auquel est souvent associée une station d'essence.

Exemple :

« Il n'y a plus de lait, mais ton père est déjà parti en acheter au dépanneur. »

Écarter (**être écarté** ou **s'écarter**)

 Signification : Perdre.

Archaïsme français

Provenance : Encore utilisé dans certaines régions de France, le terme s'emploie au Québec depuis environ un siècle.

Exemples :

« Je ne savais plus du tout où j'étais rendu, j'étais complètement écarté ! »

« Ne t'inquiète pas de son retard, tu la connais ; elle s'est sûrement écartée ! »

Icitte

 Signification : Ici.

Exemple :

 « Arrête de courir et viens icitte, j'ai à te parler ! »

Ioù

 Signification : Où.

Exemple :

 « Mais ioù est-ce que tu vas si vite ? »

Kekpar

 Signification : Quelque part.

Exemple :

 « Je cherche Charles depuis des heures, il est parti, mais je ne sais pas où ! »

Principales artères québécoises...

Le territoire québécois est vaste, certes, mais avec ses 29 autoroutes, ses 45 routes nationales et ses 129 routes régionales ou secondaires, il est facile de visiter le Québec sans... s'écarter en chemin ! Voici quelques points intéressants en ce qui concerne le réseau routier québécois :

Première information qui vous sauvera de bien des maux de tête : les routes impaires sont généralement perpendiculaires au fleuve Saint-Laurent, alors que les routes paires suivent ce cours d'eau qui traverse la province.

L'autoroute 20 est la plus longue autoroute du Québec. Connue principalement pour relier les villes de Québec et de Montréal, ses 552 kilomètres lui permettent également de desservir les régions de la Montérégie, du Centre-du-Québec, de Chaudière-Appalaches et du Bas-Saint-Laurent, et elle longe globalement la rive sud du fleuve Saint-Laurent.

Le Québec est sillonné par plus de 185 000 kilomètres de routes, possède 4 700 ponts et viaducs, et 92 000 kilomètres de routes, rues et chemins locaux. La grande quantité d'autoroutes est expliquée en majorité par la vaste étendue du territoire québécois et par les grandes distances qui séparent les villes les unes des autres.

Contrairement au continent européen, le Québec ne possède aucune autoroute payante. L'accès au réseau routier est donc complètement gratuit, peu importe où vous irez !

Mappe

Signification : Carte (routière).

Anglicisme

Provenance : Dérivé de l'anglais *map*, qui signifie « carte ».

Exemple :

> « Cet homme nous a donné le mauvais trajet,
> sors la mappe que je voie où nous sommes
> rendus ! »

L'étendue du territoire québécois

Si le Canada est le deuxième plus grand pays (en termes de superficie) après la Russie, le Québec est quant à lui la plus grande des dix provinces canadiennes.

D'une superficie de plus de 1 667 440 kilomètres carrés, le Québec est suffisamment vaste pour abriter trois fois le territoire de la France. Autre particularité du territoire québécois : il est le seul à partager une frontière avec quatre États américains, soit le Vermont, l'État de New York, le New Hampshire et le Maine.

Sa très vaste étendue permet au Québec de présenter une grande variété de paysages, des basses terres du Saint-Laurent à la chaîne de montagnes des Laurentides en passant par la péninsule gaspésienne dans la baie des Chaleurs.

Alors avant de planifier votre visite au Québec, prenez soin de vérifier les distances qui séparent les différentes attractions que vous désirez découvrir... parce que vous découvrirez, une fois sur place, que bien que le Québec ne soit pas un pays à lui seul, il est impossible de prendre le petit déj à Montréal, le déjeuner dans les Laurentides et le dîner à Gaspé...

Nettoyeur

Signification : Pressing.

Innovation québécoise

Exemple :

> « Je n'ai plus de vêtements propres, j'espère que
> le nettoyeur est ouvert ce soir ! »

Poser

Signification : Photographier.
<u>Archaïsme français</u>

Provenance : Signifiait à l'origine « s'installer en recherchant une pose » ou « un effet plus ou moins marqué. »

Exemple :

> « Madame, voulez-vous que je vous pose, vous et votre mari ? »

Rang

Signification : Chemin rural (généralement numéroté) qui traverse les terres cultivées par les fermiers.

 Exemple :

> « Elle habite en campagne, sur un petit rang de terre. »

Sécure

 Signification : En sécurité, sans inquiétude.

Exemple :

 « J'étais effrayée, mais maintenant que tu es arrivé, je me sens plus sécure ! »

Sécuritaire

Signification : Sans danger.
<u>Archaïsme français</u>

Provenance : Signifiait à l'origine quelque chose qui était « conforme à la notion de sécurité publique ».

Exemple :

> « N'ayez crainte, ce canot est tout à fait sécuritaire. »

Spot

 Signification : Endroit, emplacement.
Anglicisme

Provenance : De l'anglais spot qui signifie « place ».

Exemple :

> « Venez pique-niquer avec nous, nous avons trouvé le plus beau spot ! »

Tasser

 Signification : Se bouger, serrer (mettre en tas).
Exemple :

 « Tasse-toi de là ! J'ai besoin d'espace ! »

> « On va devoir se tasser, cette voiture n'est pas conçue pour tant de personnes ! »

Traversier

Signification : Bateau-passeur, ferry-boat.
Archaïsme français

Provenance : Dérivé du français « barque traversière ».

Exemple :

> « Si tu veux passer de Québec à Lévis, il te faudra prendre le traversier. »

Vitrine (de musée, de magasin)

Signification : Devanture.
Archaïsme français

Provenance : Remplacé en France au début du siècle par le terme « devanture », il est toujours employé au Québec.

Exemple :

> « Nicole est entrée dans cette boutique pour demander le prix d'un sac qu'elle a vu dans la vitrine. »

Expressions

À drette

Signification : À droite.

Exemple :

> « Ralentis un peu, tu dois prendre la prochaine route à drette. »

Appel à frais virés

Signification : Communication en PCV.

Exemple :

> « Je n'avais pas d'argent sur moi, j'espère que tu ne m'en veux pas de t'avoir appelé à frais virés ? »

A répond

Signification : A répondu (verbe répondre, passé composé de l'indicatif, 3e personne du singulier).

Exemples :

> « Bonjour Madame ! Est-ce qu'on vous a répond ? »

> « Il y a deux heures que j'attends et il ne m'a pas répond. »

Boîte à malle

Signification : Boîte aux lettres.

Exemple :

> « J'attends du courrier, je vais aller vérifier à la boîte à malle si le facteur est passé. »

Borne-fontaine

Signification : Borne d'incendie.

Exemple :

> « Tu ne peux pas garer ta voiture ici, c'est un espace réservé pour l'accès à la borne-fontaine. »

Coin de rue

Signification : Pâté de maisons.

Exemple :

> « Dans trois coins de rue tu tournes à gauche et tu verras l'adresse que tu cherches. »

Dans la noirceur

Signification : Dans l'obscurité, dans le noir.

Exemple :

> « Ce quartier est dangereux pour les touristes, il vaut mieux ne pas s'y aventurer dans la noirceur. »

Détour (obligatoire)

Signification : Déviation.

Exemple :

> « Il y a des travaux sur cette route, dans deux kilomètres, il y aura un détour. »

Être mal pris

Signification : Se retrouver dans une situation difficile.

Exemple :

> « J'ai été chanceux de trouver quelqu'un qui ait pu m'indiquer mon chemin, j'étais vraiment mal pris ! »

Être sur la black-liste

Signification : Ne pas (ou ne plus) être le bienvenu.

Exemple :

> « J'aurais voulu aller dîner avec vous, mais la soirée se déroulait chez Mélanie et je suis sur sa black-liste. »

Faire un longue-distance

Signification : Faire un appel interurbain.

Exemple :

> « Johanne a eu une surprise en recevant sa facture de cellulaire ; avec tous les longue-distance qu'elle a faits, elle devait une jolie somme. »

Lâcher un coup de fil (ou **un coup de téléphone**)

Signification : Téléphoner.

Exemples :

> « Aussitôt que ma mère en apprendra davantage, elle nous lâchera un coup de fil. »

> « Je lâche un coup de téléphone à Daniel et je l'invite à se joindre à nous. »

M'as aller maller ma lettre (*lett*)

Signification : Je vais aller poster mon courrier.

D'une prononciation rigolote et composée de plusieurs mots québécois, cette phrase amuse et intrigue les touristes qui l'entendent pour la première fois…

Exemple :

> « J'ai des courses à faire, et après, m'as aller maller ma lettre au bureau de poste du quartier. »

Pont des chars

Signification : Pont qui supporte une voie ferrée.

Exemple :

> « Il y a un vacarme dans son salon chaque
> soir puisqu'il demeure tout près du pont des
> chars. »

Se faire carter

Signification : Se faire demander des preuves
d'identité dans un établissement où l'on vend des
produits dont la vente est interdite aux mineurs
(alcool, tabac, loteries…).

Exemples :

> « Je voulais ramener du vin pour la fête, mais je
> me suis fait carter. »

> « Maxime a 26 ans, mais il paraît tellement
> jeune qu'il se fait carter régulièrement ! »

Se grouiller

Signification : Se dépêcher (et non s'agiter).

Exemple :

> « Grouille-toi ! On n'a plus le temps de s'occuper
> de ces détails ! »

Sortie d'urgence

Signification : Issue de secours (dans un autobus),
sortie de secours (dans un immeuble).

Exemple :

> « Même si on ne risque rien, j'ai pris le temps de
> bien repérer les sorties d'urgence. »

Sub poena

Signification : Citation/assignation à comparaître
devant la cour.

Exemple :

> « J'ai reçu un sub poena, je dois me présenter à
> la cour mercredi à la première heure. »

Tout drette

Signification : Tout droit.

Exemple :

> « Vous ne pouvez pas vous tromper de chemin,
> vous n'avez qu'à rouler tout drette durant
> 12 kilomètres. »

Partie 2 : Au quotidien

Chapitre 7

L'alimentation

• •

✔ Qu'est-ce que tu voudrais que je te prépare pour **dîner** ? Tu dois avoir faim, tu as **déjeuné** très tôt ce matin !

✔ Pas la peine de sortir tes **marmites** et tes **chaudrons**, je prendrai un toast et des **cretons**... Jean doit passer me prendre, et on mangera une **poutine** en chemin.

✔ Je te prépare tout de même un petit sac. J'y mettrai des **breuvages** pour vous deux, au cas où vous auriez **souèffe** en route.

✔ Merci. Ajoute quelques pommes aussi s'il t'en reste.

✔ Elles sont **poquées** et ne semblent plus très bonnes... mais regarde dans la **dépense**, tu y trouveras certainement quelque chose à manger.

✔ Parfait, je prendrai donc ces quelques **barres de chocolat**.

Probablement en raison des températures hivernales glaciales, les mots et expressions qui colorent le thème de l'alimentation québécoise sont fortement influencés par la cuisine sur poêle à bois qui servait jadis à la cuisine... et à chauffer les maisons. Alors

pour ce chapitre sur l'alimentation québécoise…
mettez-vous bien au chaud, et bon appétit !

Vocabulaire

Atacas (ou **atocas**)

Signification : Canneberges (généralement servies en
purée comme accompagnement à la dinde rôtie).

Repas de Noël traditionnel

Généralement servi dans la nuit du 24 au 25 décembre, après la traditionnelle messe de minuit, le buffet traditionnel de Noël, bien que façonné selon les tendances du moment, possède ses mets incontournables que tous attendent avec impatience tout au long de l'année… et qui ont l'avantage de réchauffer petits et grands en cette saison froide !

Dinde farcie rôtie et atacas en gelée

Qu'elle soit farcie de pommes et de noix, de chou ou de pruneaux, la dinde rôtie demeure incontestablement le centre du buffet de Noël québécois traditionnel. Bien dorée à l'extérieur et moelleuse à l'intérieur, elle fait la joie de tous et se déguste habituellement accompagnée d'une purée ou d'une gelée d'atacas (canneberges).

Ragoût de boulettes et pattes de porc

Mijoté durant des heures et comprenant un mélange de boulettes de viande et de pattes de porc, ce mets constitue, avec la dinde, le centre du buffet de Noël. Servi en sauce et assaisonné de muscade et de persil, on sert cette recette à l'occasion de Noël depuis des décennies et la recette en demeure pratiquement inchangée d'une génération de cuisinières à l'autre.

Tourte à la viande

Viandes de porc, de veau et de bœuf sont tour à tour utilisées dans cette tourte à la viande parfumée d'épices telles que le clou de girofle.

☞

Repas de Noël traditionnel *(suite)*

La plus pure tradition veut également qu'on la serve recouverte de ketchup aux fruits maison.

✔ *Bûche de Noël*

Ce fameux gâteau roulé qui tient place de dessert dans la majorité des foyers québécois lors de Noël était à l'origine cuisiné à base de crème au beurre. La bûche est depuis quelques années faite avec de la crème glacée (glace) à la vanille. Confitures de fraises et de framboises y sont ajoutées pour le plus grand bonheur des petits becs sucrés de tous âges.

✔ *Bonshommes de pain d'épices*

Façonnés en forme de petits personnages et décorés de glaçage blanc au sucre, ces petits biscuits secs font le bonheur des plus petits. Cannelle, gingembre et clou de girofle leur assurent un goût épicé synonyme de Noël pour les Québécois.

 Exemple :

> « Un repas de Noël ne sera jamais complet sans une purée d'atacas et une dinde bien rôtie ! »

Baloné (ou baloney)

Signification : Saucisson de Bologne.

<u>Emprunt à l'anglais</u>

Exemple :

> « Tu préfères un sandwich à la dinde, au jambon ou au baloné ? »

Beigne

Signification : Beignet.

 Exemple :

> « J'ai hâte de rentrer à la maison, ma grand-mère est en visite et elle a préparé mes beignes favoris. »

Beurrée

Signification : Tartine.

<u>Archaïsme français</u>

Provenance : Désignait à l'origine une « tartine de beurre » mais est utilisé au Québec pour désigner une tranche de pain sur laquelle on étale un condiment.

Exemple :

> « Jeanne mange rarement le matin, mais aujourd'hui elle a pris un café et une beurrée de confiture de fraises. »

Binnes

Signification : Fèves au lard.

<u>Anglicisme</u>

Provenance : Dérivé de l'anglais *bean* qui signifie « fève, haricot ».

Exemple :

> « Claire adore ce restaurant qui sert les meilleures binnes de toute la région. »

Blé d'Inde

Signification : Maïs.

 Provenance : Utilisé pour désigner les graminées en général, le mot blé est largement utilisé au Québec (ex. blé d'Inde pour maïs ou blé noir pour sarrasin).

Exemple :

> « Nous serons prêts à passer à table dans quelques instants, il ne reste qu'à faire cuire le blé d'Inde. »

Bleuet

Signification : Myrtille.

Anglicisme

Provenance : Dérivé de l'anglais *blue* qui signifie
« bleu ».

Exemple :

> « L'été est la saison parfaite pour cueillir
> fraises, framboises et bleuets afin d'en faire de
> délicieuses tartes. »

Breuvage

Signification : Boisson.

Anglicisme

Provenance : Dérivé de l'anglais *beverage* qui signifie
« breuvage », mot français depuis 1600 et utilisé en
France et au Québec.

Exemple :

> « Une salade, un sandwich et une pomme, ne
> manque qu'un breuvage pour que ce repas soit
> complet. »

Broue

 Signification : Bière.

Provenance : Dérivé du verbe anglais *to brew*
qui signifie « brasser » ou « fermenter ».

 Exemple :

> « Assieds-toi ; après cette journée infernale, une
> bonne broue nous fera le plus grand bien ! »

Canard

 Signification : Bouilloire.

Exemple :

 « Je prépare les feuilles de thé ; peux-tu mettre
le canard à bouillir ? »

Casseau (ou **cassot**)

Signification : Barquette.
<u>Archaïsme français</u>

Provenance : Désignait à l'origine les petits récipients d'écorce de bois ou de bois léger utilisés pour le transport des petits fruits.

Exemple :

> « Je vais au marché de ce pas, la fruiterie vend les cassots de fraises à un prix dérisoire cette semaine ; j'en ferai des confitures. »

Chaudron

Signification : Marmite.

Exemple :

> « Goûte la sauce qui est à cuire dans ce chaudron et dis-moi si elle est suffisamment épicée. »

Couvert

Signification : Couvercle d'un bocal ou d'un pot (très rarement utilisé pour désigner les ustensiles).
<u>Erreur grammaticale</u>

Provenance : Utilisation erronée de l'adjectif « couvert » en tant que nom commun.

Exemple :

> « Il y a des heures que je cherche le couvert de ce pot que j'ai égaré ! »

Cretons

Signification : Terrine ou rillettes de porc.
<u>Archaïsme français</u>

Provenance : Désignait à l'origine un « morceau de panne de porc frite ».

Exemple :

« J'ai très faim ce matin, aurais-tu des cretons
que je pourrais étaler sur mon croissant au
beurre ? »

Déjeuner

Signification : Petit déjeuner.

Exemple :

« Hâte-toi de sortir du lit, l'hôtel n'offre le
déjeuner que jusqu'à neuf heures en semaine. »

Le nom et l'heure des trois repas de la journée

Véritable casse-tête pour les Français qui débarquent au Québec (de même que pour les Québécois qui visitent la France !), l'heure et le nom des trois repas de la journée diffèrent de ce qu'ils connaissent. Sachant que Québécois et Français apprécient bons vins et bonnes tables, il importe doublement de mettre les pendules à l'heure afin de vous assurer, lors de votre visite, de dîner à la même heure que vos nouveaux amis québécois !

Le déjeuner québécois (équivalent du petit déjeuner français)

Premier des trois repas de la journée, le déjeuner se prend généralement entre 6 et 8 heures en semaine et se fait plus tardif durant le week-end où il lui arrive de prendre des allures de brunch (dans ce cas, le déjeuner sera pris en fin de matinée et tiendra à la fois le rôle du repas du matin et de celui du midi).

Le dîner québécois (équivalent du déjeuner français)

Parfois appelé « lunch » comme chez les Américains, le dîner se prend vers midi. Souvent consommé en dehors de la maison, généralement directement sur le lieu de travail, le dîner se compose donc d'un plat de résistance et est parfois complété par un dessert (contrairement au déjeuner français qui garde souvent

☞

Le nom et l'heure des trois repas de la journée *(suite)*

la structure entrée-plat-dessert traditionnelle).

Le souper québécois (équivalent du dîner français)

Dernier repas de la journée, le souper est pris plus tôt au Québec qu'en France, probablement en raison du travail de cultivateur des premiers habitants du Québec qui obligeait ces derniers à manger plus tôt afin d'aller terminer le travail de la ferme en début de soirée. Le souper est donc pris entre 17 et 19 heures. Bien que ce soit de moins en moins le cas, ça demeure pour les Québécois un moment privilégié pour se retrouver en famille et échanger sur les événements de la journée.

Fait intéressant, le terme « souper » est issu de latin *sub vesperas* qui signifie « après les vêpres » et indique donc que ce repas était à l'origine pris peu après 17 heures.

Toujours en ce qui concerne le souper, les restaurants ferment en majorité leurs portes à 22 heures, contrairement aux bistros français qui serviront le repas du soir jusqu'à des heures bien plus tardives.

Bon appétit !

Dépense

Signification : Garde-manger.

 Archaïsme français

Provenance : Désigne l'« endroit où l'on conserve les provisions », n'est plus utilisé en France depuis le début du siècle dernier, mais demeure dans le langage québécois.

Exemple :

> « J'ai mis ces biscuits dans la dépense en rentrant de l'épicerie, mais les enfants les ont trouvés et en ont déjà englouti la moitié de la boîte ! »

Dîner

Signification : Déjeuner.

 Exemples :

« Je n'ai rien avalé ce matin, j'ai hâte que l'heure du dîner sonne ! »

« Les parents de France sont en visite, je l'ai aidée à préparer quelques plats légers pour le dîner. »

Fève

Signification : Haricot (jaune ou vert).

 Provenance : Le nom *fève* est réservé aux haricots en raison de l'appellation anglaise *bean* ou *binne* que l'on réserve aux fèves.

Exemple :

« Tout est presque prêt pour le dîner, Sophie termine de couper les fèves. »

Glace

Signification : Glaçons.

 Provenance : Bien que le terme *glaçons* soit employé à l'occasion, au Québec, on ne fait généralement pas de distinction entre *glace* et *glaçons*.

Exemple :

« Ce verre d'eau est resté trop longtemps au soleil, je vais aller y ajouter de la glace. »

Gomme balloune

 Signification : Gomme à mâcher, chewing-gum.

Exemple :

 « Mes deux jeunes neveux étaient au comble de la joie en voyant cette gomme balloune que je leur avais apportée. »

Jell-O

Signification : Gelée.

 Provenance : Utilisation du nom de la marque *Jell-O* pour tous types de gelées sucrées.

Exemple :

> « J'ai préparé un soufflé pour les adultes et un Jell-O à la fraise pour les enfants. »

Liqueur

 Signification : Boisson gazeuse, liqueur douce (ne désigne jamais une boisson alcoolisée).

Exemple :

> « Tu as soif ? Regarde dans le réfrigérateur et sers-toi, il y a de l'eau, du lait et de la liqueur. »

Marmite

Signification : Chaudron, cocotte-minute.

<u>Archaïsme français</u>

Provenance : Désignait à l'origine un « récipient de terre muni d'anses dans lequel on fait cuire des aliments ».

Exemple :

> « Termine vite de trancher ces légumes et mets la marmite au four si tu veux que ton mijoté soit prêt pour le souper. »

Mélasse

Signification : Sirop de sucre de canne très concentré.

<u>Archaïsme français</u>

Provenance : Dérivé de l'ancien français meslache qui signifiait « sucre sirupeux ».

Exemple :

« Lorsque j'étais petite, j'adorais tous les desserts, mais par-dessus tout, je raffolais des galettes à la mélasse. »

Menu

Signification : Carte (d'un restaurant).

<u>Emprunt à l'anglais</u>

Exemple :

« Laurie n'était jamais venue à ce restaurant, elle a été épatée par la qualité du menu. »

La mélasse

Bien que d'origine antillaise, la mélasse occupe une place particulière dans l'alimentation québécoise. Résidu de l'extraction du sucre, la mélasse est un sirop épais et presque noir, composé à près de 50 % de sucre et au goût léger de brûlé.

Anciennement considérée comme le « sucre des pauvres », la mélasse était recueillie et consommée par les ouvriers des usines de sucre qui s'en servaient dans leurs recettes comme substitut du sucre qu'ils n'avaient pas les moyens de se procurer.

Bien que désormais vendue à un prix presque équivalent à celui du sucre, la mélasse demeure appréciée des Québécois, friands de galettes à la mélasse, recette dont les origines remontent à plus de cent ans.

Pelure (de banane)

 Signification : Peau de banane.

Exemple :

 « Il y a une pelure de banane sur le sol, prends garde à ne pas glisser dessus ! »

Pelure (d'orange)

 Signification : Écorce d'orange.

Exemple :

« Pour ta recette, tu dois conserver le jus de
l'orange, mais aussi sa pelure. »

Poêle

Signification : Cuisinière.

<u>Archaïsme français</u>

Provenance : Dérivé de *poile*, qui désignait une
« pièce, chambre chauffée par un poêle à bois ».
L'hiver étant très froid au Québec, la cuisson des
aliments a longtemps été assurée par le même poêle
à bois qui servait à chauffer les maisons durant la
période froide.

Exemple :

« Ces pommes de terre seront bien trop cuites,
il y a déjà une heure qu'elles sont sur le poêle ! »

Poqué (un fruit poqué)

Signification : Meurtri.

<u>Archaïsme français</u>

Provenance : Dérivé du verbe poquer qui signifiait
« donner, porter des coups ».

Exemples :

« Ces fruits sont tous poqués, ils ne seront bons
qu'à faire des confitures. »

« Jean avait très faim, mais quand il a vu cette
pomme poquée qu'on lui offrait, il a préféré
attendre le dîner. »

Poutine

Signification : Mets typiquement québécois… à
découvrir absolument !

Exemple :

> « Il y a longtemps que je voulais inviter ma cousine qui demeure en France à goûter une poutine bien québécoise ! »

Presto

Signification : Cocotte-minute.

<u>Emprunt à l'italien</u>

Provenance : Signifiait à l'origine « rapidement ».

Exemple :

> « Il faut être prudent en utilisant ce presto, tu pourrais te brûler gravement si l'eau bouillante en débordait. »

La poutine

Des pommes de terre frites bien croustillantes et des grains de fromage cheddar... le tout arrosé d'une sauce chaude de type barbecue qui fait fondre une partie du fromage. Un mélange inattendu qui n'évoque rien pour les touristes français, mais qui a une saveur toute québécoise.

Née dans le Québec rural des années cinquante, c'est dans la région du Centre-du-Québec que la poutine a fait son apparition, notamment en raison des nombreux producteurs de la région qui fabriquaient le fameux fromage cheddar en grains, indispensable à la réussite de la recette.

Les plus grands adeptes de la poutine vous diront également que plus frais est le fromage, meilleure sera la poutine ! Le test ultime pour tester cette fraîcheur ? Le petit bruit de « kouick-kouick » que fait sous la dent le fromage qui vient d'être fabriqué.

Toujours pas convaincu ? Essayez-la. Comme bien des touristes, vous en serez sans doute charmé !

Saveur (d'une crème glacée)

Signification : Parfum (d'une glace).

<u>Erreur lexicale</u>

Provenance : Utilisation erronée du terme qui signifie « assaisonnement, condiment ».

Exemple :

> « J'adore le sorbet, mais mon favori demeure celui à saveur de framboise. »

Souèffe

Signification : Soif.

Exemples :

> « Quelqu'un aurait-il de l'eau ? Tout ce travail m'a donné souèffe ! »

> « Les athlètes se sont tous regroupés autour de la fontaine d'eau tellement ils avaient souèffe après cette course ! »

Spatule

Signification : Ustensile de cuisine en forme de pelle.

<u>Archaïsme français</u>

Provenance : *Spatule* (ou *patule*) désignait à l'origine un « instrument servant à mélanger ou étaler une substance ».

Exemple :

> « Il te serait plus facile de préparer ce mélange à gâteau si tu utilisais une spatule plutôt que cette cuillère en bois. »

Tourtière

Signification : Tourte à la viande ou pâté à la viande (généralement à base de viande de porc).

<u>Archaïsme français</u>

Provenance : Désignait vers le milieu du siècle dernier un « ustensile de cuisine utilisé dans la préparation des tourtes ». Utilisé depuis les années 1800 au Québec dans son usage actuel.

Exemple :

> « Le buffet de Noël sera parfait avec ces tourtières que grand-mère a mis des heures à préparer ! »

Ustensiles

Signification : Couverts.

Archaïsme français

Provenance : Désignait dans les années 1300 « l'ensemble des objets servant à l'usage et à l'entretien domestique ».

Exemple :

> « Nous recevons des invités de marque ce soir, place les ustensiles comme il se doit et dresse une belle table. »

Expressions

Avoir mal aux cheveux

Signification : Se sentir cafardeux suite à une consommation excessive d'alcool.

Exemple :

> « Je crois que j'ai abusé de la vodka hier soir, j'ai mal aux cheveux depuis que je suis sortie du lit ce matin. »

Bar à salades

Signification : Buffet de salades.

Exemple :

> « Demande à Jean de t'apporter davantage de tomates, il est devant le bar à salades. »

Bar laitier

Signification : Glacier.

Exemple :

> « Renée a promis aux enfants de les amener au bar laitier s'ils étaient sages durant la journée. »

Barre de chocolat (ou palette de chocolat)

Signification : Tablette de chocolat.

Exemple :

> « Il n'y a rien de mieux qu'une barre de chocolat pour pallier une baisse d'énergie en fin de journée. »

Bière tablette

Signification : Bière à la température ambiante.

Exemple :

> « Jeanne et Lisa ont commandé une bouteille de merlot, mais leur frère a préféré demander une bière tablette. »

Boc de bière

Signification : Demi-bière pression.

Exemple :

> « Pour les remercier de leur bon travail, j'ai offert aux déménageurs une pizza et quelques bocs de bière au restaurant du coin. »

Boire du fort

Signification : Boire de l'alcool fort, de la liqueur.

Exemples :

> « Il faut bien supporter l'alcool pour boire du fort toute une soirée sans s'effondrer. »

> « Je n'aime ni la bière ni le vin ; je ne bois que du fort. »

Cœur de pomme

Signification : Trognon de pomme.

Exemple :

> « Prends soin de bien enlever tous les cœurs de pomme avant de préparer cette compote ! »

Crème glacée

Signification : Glace.

Exemple :

> « Tu peux choisir le parfum de crème glacée que tu préfères : fraise, vanille ou chocolat. »

Demander la facture

Signification : Demander l'addition.

Exemple :

> « Demande tout de suite au serveur de t'apporter la facture du repas si tu veux que nous soyons au spectacle à l'heure ! »

Dépecer un poulet

Signification : Découper une volaille.

Exemple :

> « Je sais pratiquement tout faire en cuisine, mais je n'ai jamais su dépecer le poulet. »

Dur comme une semelle de botte

Signification : Se dit d'une pièce de viande qui a été trop cuite et qui a durci.

Exemple :

> « On voit bien que Nicolas n'avait jamais fait cuire de viande, ce steak est dur comme une semelle de botte ! »

Être chaudasse

Signification : Être gris, éméché.

Exemple :

> « Je n'ai rien contre les gens qui sont chaudasses, mais il faut tout de même apprendre à connaître ses limites ! »

Faire des flaflas

Signification : Prendre de grands airs, des manières.

Exemples :

> « La soirée de Catherine était charmante, mais elle fait toujours trop de flaflas ! »

> « Je préfère la simplicité aux flaflas de certains grands restaurants. »

Fourneau du poêle

Signification : Four de la cuisinière.

Exemple :

> « Avec tous ces plats à préparer, le fourneau du poêle a fonctionné toute la journée ! »

Hot-dog stimé

Signification : Hot-dog vapeur.

Exemple :

> « Marianne déteste le pain grillé, elle commande donc toujours ses hot-dogs stimés. »

Manger comme un cochon

Signification : S'empiffrer.

Exemple :

> « J'aime bien Louis, mais il a de mauvaises manières et il mange comme un cochon ! »

Noyaux de pomme

Signification : Pépins de pomme.

Exemple :

> « Cette salade de fruits a été préparée sans grand soin, elle est pleine de noyaux de pomme ! »

Pain à sandwich

Signification : Pain de mie tranché.

Exemple :

> « Je n'ai pas le temps de te préparer un repas, mais si tu as faim, il reste des charcuteries et du pain à sandwich dans le réfrigérateur. »

Passé date (ou **passé dû**)

Signification : Périmé.

Exemples :

> « Tous les plats préparés avec ce lait passé date devront être jetés. »

> « J'ai fait un tri des aliments que vous avez rapportés, mais presque tout était déjà passé dû. »

Patates pilées

Signification : Pommes de terre en purée.

Exemple :

> « Cet enfant adore les patates pilées, il en mangerait tous les jours s'il le pouvait ! »

Pâté chinois

Signification : Hachis parmentier.

Exemple :

> « Viande hachée, maïs et patates pilées, voilà tout ce qu'il vous faut pour faire le meilleur des pâtés chinois. »

Pet de sœur

Signification : Petite pâtisserie sucrée à la cassonade.

Exemple :

> « J'aime tout ce qui est sucré, mais ma faveur va aux pets de sœur que me préparait ma grand-mère. »

Le pâté chinois

Aujourd'hui partie intégrante de la cuisine québécoise, le pâté chinois trouve ses origines au XIXᵉ siècle lors de la construction de la voie de chemin de fer pancanadienne par le Canadien Pacifique. Le grand nombre d'ouvriers nécessaires à ce projet était nourri presque essentiellement de pommes de terre, de viande de bœuf hachée et de maïs, denrées à l'époque abondantes et peu coûteuses.

C'est l'origine asiatique de la majorité de ces travailleurs qui a donné son nom à ce plat étagé préparé dans de grands plats dont le fond est d'abord recouvert de bœuf puis de maïs et se termine par une généreuse couche de pommes de terre pilées. Par la suite adopté par les travailleurs canadiens français, ce plat demeure à ce jour un classique québécois qui est apprécié de tous, même des végétariens, qui le modifieront en substituant les lentilles à l'étage de viande.

Pour votre initiation au pâté chinois, n'hésitez pas à le déguster arrosé de ketchup aux fruits maison, accompagnement de choix qui ajoute à la saveur traditionnelle de ce mets savoureux !

Poêle en fonte

Signification : Poêlon.

Exemple :

> « Pour réussir de bons légumes grillés, rien ne vaut une vieille poêle en fonte. »

Prendre une mordée (ou une croquée)

Signification : Prendre une bouchée.

Exemples :

> « Goûte avant de dire que tu n'aimeras pas cette sauce. Allez, prends-en une mordée ! »

> « Carl n'avait pris qu'une seule croquée de ce biscuit et déjà, il était conquis ! »

Salle à dîner

Signification : Salle à manger.

Exemple :

> « Ne mange pas seul dans le salon, apporte ton assiette sur la table de la salle à dîner et joins-toi à nous ! »

Sentir le fond de tonne

Signification : Dégager une forte odeur d'alcool.

Exemple :

> « Daniel soutient qu'il n'a pas bu de vin hier soir, mais il sent encore le fond de tonne ! »

Set de cuisine

Signification : Batterie de cuisine.

Exemple :

> « J'adore ce nouveau set de cuisine en fonte que tu t'es offert ! »

Set de porcelaine

Signification : Service de porcelaine.

Exemple :

> « Ma grand-mère ne sort son set de porcelaine qu'en de très rares occasions. »

Sirop de poteau

Signification : Sirop sucré (peut parfois être substitué au sirop d'érable).

Exemple :

> « Du sirop de poteau ne sera jamais aussi savoureux qu'un sirop d'érable véritable. »

Spécial du jour

Signification : Menu du jour.

Exemple :

> « Avant de commander ce plat, je te conseille de demander à voir le menu du jour, il est toujours savoureux. »

Tasse à mesurer

Signification : Bol doseur ou verre gradué.

Exemple :

> « Utilise une tasse à mesurer pour t'assurer de mettre la bonne quantité de farine dans cette recette de gâteau. »

Chapitre 8

Parties du corps et vêtements

· ·

- ✔ Je vais dîner au restaurant avec Julie ce soir, je n'ai pas envie **d'avoir l'air de la chienne à Jacques**.

- ✔ D'accord, premièrement tu devrais mettre deux **bas** pareils et changer tes **barniques** pour des verres de contact.

- ✔ Crois-tu que je devrais porter mon **gilet** bleu ou mon **coton ouaté** vert ?

- ✔ Mets ta chemise **carottée**, mais attention de ne pas te **boutonner en jaloux**. Change aussi tes pantalons, ceux-là sont trop **lousses** !

- ✔ Et dans mes pieds, j'y vais en **gougounes** ou en **espadrilles** ?

- ✔ Avec tes **runnings** c'est bien !

Les prochaines pages vous aideront à vous démêler dans les termes qui identifient les parties du corps et désignent les vêtements. Vous réaliserez, entre autres, que les Québécois ont tenu à rebaptiser la plupart des vêtements d'hiver... après tout, l'hiver est un peu l'image du Québec !

Vocabulaire

Babines

Signification : Lèvres.

Provenance : Mot qui est apparu dans le parler québécois au XVe siècle.

Exemples :

> « Angelina Jolie a de belles babines pulpeuses. »

> « Je vais mettre du rouge babines et j'arrive !
> (rouge à lèvres) »

Bajoues

Signification : Les belles joues rondes d'un enfant.

 Provenance : Terme apparu dans le langage québécois au XIVe siècle, dérivé de « bas de la joue ».

Exemple :

> « Quel beau bébé, il a de belles bajoues, on voudrait les croquer ! »

Barniques

 Signification : Terme souvent péjoratif pour désigner des lunettes.

Exemple :

 « Je me suis tannée de porter de grosses barniques, maman veux-tu me payer l'opération au laser ? »

Bas

Signification : Chaussettes.

 Provenance : Dérivé du vieux français *bas-de-chausses*.

Exemple :

> « Jules porte toujours deux bas qui ne sont pas pareils. »

Bavette

Signification : Bavoir.

<u>Archaïsme français</u>

Provenance : Dérivé du mot « bave », terme utilisé à partir du XIIIᵉ siècle.

Exemple :

> « Lili-Frédérique doit absolument porter une bavette quand elle mange, sinon il faut changer tous ses vêtements après le repas. »

Bette

Signification : Utilisé pour désigner le visage, l'expression de quelqu'un de mignon ou d'espiègle.

 Provenance : Dérivé de *bête*, signifiant « stupide, innocent ».

Exemple :

> « Regarde-lui la bette, je suis certain qu'il y est pour quelque chose ! »

Bobépine

Signification : Pince à cheveux.

Anglicisme

Provenance : Dérivé de l'anglais *pin*, qui signifie « épingle ».

Exemple :

> « Me prêterais-tu une bobépine, j'ai les cheveux dans le visage. »

Bobettes

Signification : Sous-vêtements, slip, culotte.

 Provenance : Terme créé dans l'est du Québec et répandu à toute la province dans les années soixante-dix. Étymologie incertaine, pourrait provenir du diminutif de Robert (bob) jumelé au suffixe -*ette* souvent associé à de petits vêtements (jupette, chemisette, etc.).

Exemple :

> « Il avait oublié son maillot de bain, alors il s'est baigné en bobettes. »

Brassière

Signification : Soutien-gorge.

Erreur grammaticale

Provenance : Le vieux français *brassière* désignait une chemise de femme très ajustée, maintenant le terme signifie « petite chemise de bébé qui se ferme dans le dos ».

Exemple :

> « Elle non plus n'avait pas son maillot, elle s'est baignée en bobettes et en brassière ! »

Calotte

Signification : Casquette ou autre couvre-chef avec visière.

Erreur grammaticale

Provenance : Utilisation erronée du terme, qui désigne un petit bonnet rond qui se porte sur le dessus de la tête, telle la *kippa*.

Exemple :

> « Il porte fièrement la calotte à l'effigie de son équipe de hockey préférée. »

Capine

 Signification : Capuchon, chapeau, bonnet.

Archaïsme français

Provenance : Dérivé de *capeline*, employé au Moyen Âge pour désigner une armure de tête, un chapeau de fer.

Exemple :

> « La politesse veut qu'on enlève sa capine lors des repas. »

Carotté

Signification : Pour parler d'un tissu à carreaux.

Innovation québécoise

Provenance : Création d'un adjectif dérivé du terme *carreau*.

Exemple :

> « Tu devrais mettre ta chemise carottée, c'est celle qui te va le mieux. »

Claques

 Signification : Protection de chaussures en caoutchouc.

Exemple :

> « Germain, mets tes claques, c'est plein de boue dehors. »

Combines

Signification : Sous-vêtement pour homme, d'une seule pièce et couvrant le corps au complet.

<u>Erreur grammaticale</u>

Provenance : Contraction du terme combinaison dans son sens de vêtement d'une seule pièce.

Exemple :

> « L'hiver, comme je vais à l'école à pied, je mets mes combines. »

Coton ouaté

 Signification : Sweat-shirt.

Exemple :

> « Si tu veux encore rester dehors, va mettre ton coton ouaté, il commence à faire froid. »

Comment passer un après-midi dehors, un jour d'hiver québécois, sans avoir froid

L'hiver québécois est reconnu pour sa rudesse et ses froids intenses. En janvier et février, il n'est en effet pas rare que le mercure descende sous la barre des moins 20 degrés Celsius. Ce sont les mois les plus froids, mais aussi ceux qui permettent aux Québécois de profiter de la neige en pratiquant leurs sports d'hiver préférés : la raquette, le ski, la glisse, etc.

Comment faire pour profiter des joies de la saison froide, de longues heures durant, sans grelotter ? Le Québécois pratique le multicouche !

Première couche : les combines et les chaussettes de laine.

Deuxième couche : le pantalon et le chandail confortables (coton ouaté, polaire).

Troisième couche : un deuxième chandail plus chaud, si nécessaire (en laine).

Quatrième couche : les jambières et le manteau d'hiver.

La touche finale : *tuque*, foulard, mitaines et une bonne paire de bottes !

Si vous visitez le Québec en hiver, vous pourrez ainsi profiter des promenades en traîneau à chiens et en motoneige, tout en restant au chaud !

Pour terminer, n'oubliez pas de considérer le facteur éolien quand vous vérifierez la météo. Un moins 25 degrés Celsius se transforme facilement en un moins 35 lorsqu'il y a un peu de vent !

Bonne chance !

Craque de fesses

Signification : Raie des fesses.

Exemple :

> « Pourquoi voit-on toujours la craque de fesses des plombiers ? »

Espadrille

Signification : Chaussure de sport, l'équivalent de
« basket ».

<u>Erreur grammaticale</u>

Provenance : Utilisation erronée du terme, qui
désigne des « chaussures en toile avec une semelle de
sparte tressé ou de corde ».

Exemple :

> « Gabriel s'est acheté de nouvelles espadrilles
> pour jouer au soccer. »

Foufounes

 Signification : Façon enfantine de désigner les
fesses ou par plaisanterie.

Exemple :

> « Regarde, Séléna va bientôt tomber sur ses
> foufounes ! »

Gilet

Signification : Tout chandail sans bouton ou fermeture
éclair, équivalent de pull.

<u>Erreur grammaticale</u>

Provenance : Utilisation erronée du terme, qui
désigne une camisole sans manche, un cache-cœur,
un cardigan.

Exemple :

> « Je préfère quand tu portes ton gilet bleu plutôt
> que le noir. »

Gosses

Signification : Testicules.

<u>Erreur grammaticale</u>

Provenance : Utilisation erronée du terme, qui signifie
« enfant ».

Exemple :

> « Si tu t'en vas maintenant, je t'attraperai par les deux gosses ! »

> *Attention de ne pas répéter l'erreur du chanteur français Charles Trenet, à son arrivée au Québec, qui a déclaré : « En arrivant chez vous, j'ai un peu l'impression de retrouver mes gosses. »

Gougounes

 Signification : Sandales légères de plage.

<u>Anglicisme</u>

Provenance : Dérivé de l'anglais *a-go-go*, qui désigne un bar pour danser le disco.

Exemple :

> « Carole a apporté ses gougounes ; elle croyait qu'on allait à la plage. »

Jaquette

Signification : Chemise de nuit.

<u>Erreur grammaticale</u>

Provenance : Utilisation erronée du terme, qui désigne une robe d'enfant ou un type de prothèse dentaire.

Exemple :

> « Édith, va mettre ta jaquette, c'est bientôt l'heure de dormir. »

Lousse

 Signification : Trop grand, qui a du jeu.

<u>Anglicisme</u>

Provenance : Dérivé de l'anglais loose, qui signifie « lâche, mou, détendu ».

Exemples :

> « Depuis que j'ai maigri, mes pantalons sont trop lousses. »

> « Tu as du lousse, le dossier doit être terminé seulement vendredi. »

Mitaines

Signification : Moufles, manique pour le four, gant du gardien de but au hockey.

 Provenance : Dérivé du mot *mite*, qui signifiait « chat » au XIVe siècle et désignait par le fait même la fourrure de l'animal.

Exemples :

> « Arnaud a les mains gelées, il a perdu ses mitaines dans la neige. »

> « Quel arrêt, il a attrapé la rondelle directement dans la mitaine ! »

Peignure

 Signification : Coiffure d'une personne.
<u>Archaïsme français</u>

Provenance : Ce terme existe depuis le XIIe siècle et est issu du latin pectinare, qui signifie se coiffer avec un peigne.

Exemple :

> « Maria s'est fait faire une belle peignure pour son mariage. »

Poche

Signification : Manière vulgaire de désigner le scrotum.
<u>Erreur grammaticale</u>

Provenance : Utilisation erronée du terme, qui désigne une « fente pratiquée dans un vêtement ».

Exemple :

> « C'est à ce moment-là que René lui a donné un coup de pied dans la poche. »

Reculons

Signification : Cuticules.

Exemple :

> « J'ai un reculons sur l'index, le doigt me fait mal ! »

Running (**roning**)

Signification : Chaussure de sport, l'équivalent de « basket ».

<u>Anglicisme</u>

Provenance : Dérivé de l'anglais *running shoes*, qui a la même signification.

Exemple :

> « Apporte tes runnings, on va jouer au tennis après le repas. »

Sacoche

Signification : Sac à main.

<u>Archaïsme français</u>

Provenance : Dérivé du terme français *sacosse*, qui désignait au xviie siècle un double sac de cuir servant au courrier.

Exemple :

> « Justine s'est acheté une grande sacoche pour mettre ses clés et son argent. »

Tuque

Signification : Bonnet en laine souvent garni d'un pompon.

Provenance : Probablement issu d'un mot préroman, ce terme est formellement accepté au Québec depuis 1659.

Exemple :

> « Magali c'est la fille qui portait une tuque verte au ski hier. »

Expressions

Avoir de l'eau dans la cave

Signification : Porter des pantalons trop courts.

Exemple :

> « Je dois m'acheter des nouveaux pantalons : avec ceux-ci, j'ai de l'eau dans la cave. »

Avoir la flaye à l'air

Signification : Avoir la braguette ouverte.

Exemple :

> « On voyait ses bobettes (slip) parce qu'il avait la flaye à l'air. »

Avoir l'air de la chienne à Jacques

Signification : Pour parler de quelqu'un qui est mal habillé, qui n'est pas du tout à son avantage.

Exemple :

> « Je ne sors pas avec toi si tu restes comme ça, tu as l'air de la chienne à Jacques. »

Bijoux de famille

Signification : Organes génitaux masculins.

Exemple :

> « En jouant au soccer, j'ai reçu le ballon dans les bijoux de famille. »

Enlever une pelure

Signification : Enlever une épaisseur de vêtement.

Exemple :

> « Annabelle avait chaud, elle a enlevé une pelure. »

Être bâti comme une armoire à glace

Signification : Être musclé, avoir un physique imposant.

Exemple :

> « Je ne voudrais pas me battre avec Steven, il est bâti comme une armoire à glace. »

Être haut sur pattes

Signification : Avoir les jambes élancées.

Exemple :

> « Mon amie Cynthia pourrait facilement être mannequin, elle est haute sur pattes. »

Être taillée au couteau

Signification : Se dit d'une femme qui est bien proportionnée, qui est svelte.

Exemple :

> « Roseline est vraiment belle, elle est taillée au couteau. »

Se boutonner en jaloux

Signification : Passer les boutons d'une chemise dans les boutonnières non correspondantes.

Exemple :

> « Va falloir que tu reboutonnes ta chemise, tu t'es boutonné en jaloux. »

Se promener en bedaine

Signification : Torse nu pour un homme.

Exemple :

> « La fin de semaine, Gilles aime bien se promener en bedaine dans la maison. »

Se promener nu-bas

Signification : Se promener en chaussettes.

Exemple :

> « Jean-Charles se promène toujours nu-bas, il n'est pas bien dans ses souliers. »

Chapitre 9

Les finances

- - - - - - - - - - - - - - - -

✔ Tu as appris que Claude vient de tomber sur **l'aide sociale** ?

✔ Oui, c'est terrible pour lui et sa femme… dire qu'ils ont trois enfants à faire vivre, les **bills** vont s'empiler vite !

✔ Ce n'est pas facile de toujours devoir courir après **les sous** comme ça, je les plains.

✔ Avec le début des classes qui approche, il va devoir chercher les **barguines** pour acheter le matériel de ses enfants… ça **coûte un bras** tout ça !

✔ Oui, c'est une chance que lui et sa femme aient **mis de l'argent de côté** pour les mauvais jours, ça lui permettra de tenir un bout de temps…

Distributeurs de billets, banque, assurance-emploi ou assurance-chômage ; le monde des finances est complexe, surtout lorsque les expressions utilisées ne nous sont pas familières ! Voici donc un chapitre consacré à ce secteur d'activité…

Vocabulaire

Assurance-chômage

Signification : Assurance-emploi.

Exemple :

> « Avec toutes ces pertes d'emploi, c'est l'assurance-emploi qui assurera la vie de plusieurs familles. »

Barguine

 Signification : Un bon marché, une bonne affaire.

<u>Anglicisme</u>

Provenance : Dérivé de l'anglais *bargain* qui signifie « marché, négociation ».

Exemple :

> « J'ai obtenu un barguine sur cette commande ! »

Barguiner

 Signification : Négocier dans le but d'obtenir un bon prix, un bon marché.

<u>Anglicisme</u>

Provenance : Dérivé de l'anglais *to bargain*, qui signifie « négocier ».

Exemple :

> « Cet agent immobilier était tenace, mais j'ai tout de même réussi à le barguiner ! »

Bill

Signification : Facture.

<u>Emprunt à l'anglais</u>

Exemple :

> « J'ai eu cette prime de rendement au travail, prends ce que tu veux, aujourd'hui, c'est moi qui paie le bill. »

Blé (du blé)

 Signification : De l'argent.

<u>Archaïsme français</u>

Provenance : Expression utilisée à l'époque où le troc était populaire et où les cultivateurs échangeaient leur blé contre d'autres biens.

Exemple :

> « Paul se plaint encore de toutes les factures qu'il doit payer alors qu'il a du blé plein les poches ! »

Change (du change ou du p'tit change)

Signification : De la monnaie, des pièces.

Emprunt à l'anglais

Exemples :

> « Cette machine n'accepte que les pièces de monnaie. Quelqu'un aurait-il du change ? »

> « Je suis complètement fauché cette semaine, il ne me reste que du petit change ! »

Gratteux (nom commun)

Signification : Billet de loterie.

Innovation québécoise

Exemple :

> « Le gros lot de la semaine atteint les 12 millions de dollars, je vais acheter un gratteux tout de suite ! »

Piastre (*piasse*)

 Signification : Dollar.

Exemple :

> « Le souper n'était pas très bon et pourtant, ça a coûté plus de 20 piasses ! »

Sou

Signification : Cent.

Archaïsme français

Provenance : Unité monétaire utilisée autrefois en France.

Exemple :

> « Pour quatre pommes et un pain de blé, ça vous fera 5 dollars et 28 sous. »

Le mouvement Desjardins

C'est à la fin du XIXe siècle que sera lancée la première Caisse populaire par M. Alphonse Desjardins ; le Québec compte alors 1,6 million d'habitants dont la majorité est francophone, habite en milieu rural et vit de l'agriculture.

Les banques sont à l'époque presque exclusivement réservées aux commerçants, aux industriels et aux familles fortunées, les gens du peuple n'ayant souvent d'autre choix que de s'en remettre à des usuriers qui leur demandent des frais d'intérêts si exorbitants que plusieurs se voient contraints de céder leurs terres et leurs biens pour rembourser leurs dettes.

La première Caisse populaire voit donc le jour, basée sur un idéal que le mouvement Desjardins met encore en avant aujourd'hui : offrir des services financiers populaires sur la base de l'épargne populaire.

Plus d'un siècle après l'inauguration de la première Caisse populaire à Lévis, en 1900, le mouvement coopératif Desjardins compte plus de 5,8 millions de membres et s'étend à travers le Québec et l'Ontario. Ses activités se sont largement diversifiées et le mouvement œuvre aujourd'hui dans le domaine des assurances, des valeurs mobilières, du capital-risque et de la gestion d'actifs.

Un bel exemple de l'ingéniosité et de la persévérance québécoise !

Sous (des sous)

Signification : De l'argent.

<u>Archaïsme français</u>

Provenance : Unité monétaire utilisée autrefois en France.

Exemple :

> « Il peut bien faire croire à ses collègues qu'il est pauvre, tout le monde sait bien qu'il a des sous. »

Expressions

Aide sociale

Signification : Sécurité du revenu.

Exemple :

> « Paul et sa famille n'ont pas d'argent pour aller en vacances, ils sont sur l'aide sociale depuis deux ans. »

Ça coûte un bras (ou **une jambe**)

Signification : Ça coûte cher, c'est dispendieux.

Exemple :

> « Je voulais t'inviter à ce restaurant, mais ça coûte un bras ! »

Ça ne vaut pas cinq cents

Signification : Ça ne vaut rien.

Exemple :

> « J'espère que tu n'as pas trop payé pour cette voiture, elle ne vaut pas cinq cents ! »

Ça ne vaut pas de la chnoutte

Signification : Ça ne vaut rien.

Exemple :

> « Claudie croyait avoir déniché une aubaine, mais ces skis usagés ne valent pas de la chnoutte ! »

Changer un chèque

Signification : Encaisser un chèque.

Exemple :

> « J'ai besoin de liquidités, j'espère que je pourrai changer ce chèque aujourd'hui. »

Compte passé dû (ou compte passé date)

Signification : Compte échu ou en souffrance.

Exemple :

> « Je lui ai permis un délai de deux jours pour son paiement, mais ça fait maintenant quelques semaines que son compte est passé date. »

Être cassé

Signification : Être fauché, être sans le sou.

Exemple :

> « Isabelle devait se joindre à nous pour cette soirée cinéma, mais elle est trop cassée. »

Être proche de ses cennes

Signification : Être avare, pingre.

Exemple :

> « Malgré le rabais que le vendeur avait consenti à Mathieu, il a refusé d'acheter ce manteau. Il est tellement proche de ses cennes ! »

Être sur le bien-être (ou être sur le BS)

Signification : Vivre de l'aide sociale.

Exemple :

> « Pour les gens qui ont une incapacité physique à travailler, être sur le bien-être, c'est vraiment la seule solution pour vivre. »

Faire des bidous

Signification : Faire beaucoup d'argent.

Exemple :

> « Il n'y a qu'à regarder sa maison et sa voiture pour comprendre qu'il fait des bidous ! »

Faire un bon deal

Signification : Conclure un marché profitable.

Exemple :

> « Le vendeur demandait bien plus pour cette motocyclette, mais Jean-Philippe a réussi à faire un bon deal. »

Faire un coup d'argent

Signification : Gagner rapidement une grosse somme d'argent, gagner le magot.

Exemple :

> « Ma tante a dû travailler jour et nuit sur ce contrat, mais ça, elle a fait un vrai coup d'argent ! »

Guichet automatique

Signification : Distributeur de billets.

Exemple :

> « La banque est fermée depuis 18 heures, mais je vais tenter de trouver un guichet automatique. »

Mettre de l'argent de côté

Signification : Économiser.

Exemple :

> « Cette robe était très dispendieuse, mais je suis heureuse d'avoir mis de l'argent de côté durant des semaines pour pouvoir me l'offrir. »

Ne pas avoir une cenne

Signification : Être pauvre, ne pas avoir d'argent.

Exemple :

> « J'ai invité Virginie chez moi plutôt que de l'accompagner au restaurant, elle n'a pas une cenne ! »

Ne pas joindre les deux bouts

Signification : Ne pas réussir à résoudre ses difficultés financières.

Exemple :

> « Elle n'a toujours pas réussi à trouver un emploi et elle n'arrive plus à joindre les deux bouts. »

Payer cash

Signification : Payer en liquide.

Exemple :

> « Tu devrais aller voir ce marchand, il ne te fera pas payer les taxes si tu le paies cash. »

Ramasser son argent

Signification : Faire des économies.

Exemple :

> « Jeannot n'a pas un gros salaire, mais pour s'offrir cette voiture, il est prêt à ramasser son argent aussi longtemps qu'il le faudra. »

Recevoir son 4 %

Signification : Se faire congédier (au Québec, le montant d'argent remis à un employé qui se fait congédier est équivalent à 4 % de son revenu annuel).

Exemple :

> « L'entreprise pour laquelle travaillait Maud a perdu un contrat important, elle a donc reçu son 4 %. »

Sauver de l'argent

Signification : Faire des économies.

Exemple :

> « Avec cette récession économique, nous sommes bien contents d'avoir sauvé de l'argent durant les dernières années. »

Sur le bras de...

Signification : Indique la personne qui paiera la facture.

Exemples :

> « Avec le compte de dépenses que m'octroie mon patron, tous les jours je mange au restaurant sur le bras de l'entreprise ! »

> « Christophe a choisi le mets le plus cher au restaurant ; il savait bien que le repas était sur le bras de Claire ! »

Chapitre 10
L'hébergement

. . . .

Articles reliés à la maison

- ✔ C'est ce matin que nous faisons le ménage ! Va chercher une **chaudière** et une **débarbouillette**.
- ✔ D'accord, mais je n'ai pas envie de récurer le **bol de toilette** et le **bain**.
- ✔ Pas de problème, je vais m'en occuper, toi passe la **balayeuse** dans le **salon**.
- ✔ Est-ce que je fais le **portique** aussi ?
- ✔ Oui et en même temps, pourrais-tu aussi passer la **moppe** sur le patio ?
- ✔ OK ! Comme je sors, je vais en profiter pour aller porter les **vidanges** près de la **shed**.

La maison est une source inépuisable d'objets, d'appareils et de matériel que l'on emploie quotidiennement. Dans le chapitre qui suit, vous trouverez les articles qui sont habituellement dans la maison, ainsi que tout ce qui est relié aux activités que l'on fait chez soi et au domaine de l'hébergement en général.

Vocabulaire

Bain

Signification : Baignoire.

Erreur grammaticale

Provenance : Utilisation erronée du terme, qui désigne l'action de se plonger le corps dans l'eau.

Exemple :

> « Je n'aime pas laver le bain, il y a toujours des taches de savon à récurer. »

Balayeuse

Signification : Aspirateur domestique.

Erreur grammaticale

Provenance : Utilisation erronée du terme, qui désigne une « machine à balayer ».

Exemple :

> « C'est Jasmin qui passe la balayeuse dans sa chambre toutes les semaines. »

Bol de toilette

Signification : Cuvette.

Innovation québécoise

Exemple :

> « Ce produit est le meilleur quand vient le temps de faire disparaître les taches du bol de toilette ! »

Cabaret

Signification : Plateau pour transporter des assiettes et des verres.

Erreur grammaticale

Provenance : Utilisation erronée du terme, qui désigne l'établissement où l'on sert des boissons ou un meuble pour ranger les alcools.

Exemple :

> « Il y a six personnes à la table, tu devrais utiliser le cabaret pour apporter leurs bières. »

Cadran

Signification : Réveille-matin.

Erreur grammaticale

Provenance : Utilisation erronée du terme, qui désigne « la surface où sont indiqués les chiffres des heures ».

Exemple :

> « Sylvie est arrivée en retard ce matin parce que son cadran n'a pas sonné. »

Calorifère

Signification : Radiateur.

Erreur grammaticale

Provenance : Utilisation erronée du terme, qui désigne un appareil de chauffage en général.

Exemple :

> « Il faut éloigner le divan du calorifère, sinon le meuble risque de devenir trop chaud. »

Champlures

Signification : Robinets.

Archaïsme français

Provenance : Dérivé de *chantepleure*, désignant autrefois en France les petits robinets des tonneaux, baptisés ainsi à cause du bruit qu'ils faisaient lorsqu'ils étaient actionnés.

Exemple :

> « Tu peux boire l'eau directement des champlures, nous avons un puits. »

Châssis

Signification : Fenêtre.

Erreur grammaticale

Provenance : Utilisation erronée du terme, qui désigne « le cadre qui soutient la vitre et autres éléments, leur charpente ».

Exemple :

> « Josée, pourrais-tu aller fermer les châssis, il y a un orage qui approche. »

Chaudière

Signification : Seau.
<u>Erreur grammaticale</u>

Provenance : Utilisation erronée du terme, qui désigne « un contenant employé pour faire chauffer, un chaudron ».

Exemple :

> « Marie-Lyne a cueilli toute une chaudière de framboises. »

Débarbouillette

Signification : Gant de toilette, petit carré de serviette.

 Provenance : Le terme *débarbouillette* est courant dans le parler québécois depuis la fin du XIXe siècle et serait dérivé du verbe *barbouiller*, qui signifie « salir ».

Exemple :

> « Je ne prendrai pas mon bain, je vais me laver à la débarbouillette. »

Épingle à linge

Signification : Pince à linge.
<u>Erreur grammaticale</u>

Provenance : Utilisation erronée du terme *épingle*, qui désigne « un bout de métal pointu surmonté d'une petite boule ».

Exemple :

> « Je n'ai pas assez d'épingles à linge pour étendre toute ma brassée. »

Fournaise

Signification : Chaudière, système de chauffage central.

<u>Anglicisme</u>

Provenance : Dérivé de l'anglais *furnace*, qui signifie « fourneau ».

Exemple :

> « Yvon, voudrais-tu allumer la fournaise, il me semble qu'il fait froid. »

Gravelle

Signification : Gravier.

<u>Archaïsme français</u>

Provenance : Terme employé dans le même sens au Moyen Âge, qui existe encore aujourd'hui en français de France pour désigner une maladie caractérisée par des concrétions rénales.

Exemple :

> « Attention les enfants de ne pas tomber, la cour est en gravelle, vous allez vous faire mal. »

Hose

 Signification : Tuyau d'arrosage.

<u>Emprunt à l'anglais</u>

Exemple :

> « Il fait tellement chaud que Jérémie et Ariane ont décidé de s'arroser avec la hose pour se rafraîchir. »

Lavage

Signification : La lessive.

 Provenance : Contraction de l'expression *lavage du linge*, qui désigne « la lessive ».

Exemple :

> « Maman, as-tu fait le lavage, je cherche mon chandail bleu ? »

Laveuse

Signification : Lave-linge.
<u>Erreur grammaticale</u>

Provenance : Utilisation erronée du terme *laveuse*, qui désigne « une personne qui lave ».

Exemple :

> « Mets tes culottes dans la laveuse, je vais faire une brassée aujourd'hui. »

Moppe

 Signification : Balai espagnol, serpillière.
<u>Emprunt à l'anglais</u>

Exemple :

> « Marc a passé la moppe ce matin pour nettoyer le plancher. »

Passage

Signification : Couloir.
<u>Archaïsme français</u>

Provenance : Le terme est utilisé avec cette signification depuis 1080.

Exemple :

> « Je vais accrocher la photo de grand-papa dans le passage. »

Patio

Signification : Balcon, terrasse.
<u>Erreur grammaticale</u>

Provenance : Utilisation erronée du terme, qui désigne la cour intérieure à ciel ouvert des maisons espagnoles.

Exemple :

> « On va prendre notre bière sur le patio, comme ça nous pourrons surveiller les enfants qui jouent dans la piscine. »

Petit banc

 Signification : Tabouret.

Exemple :

> « Il manque une chaise, va chercher un petit banc pour Normand. »

Piton

Signification : Bouton, interrupteur.
<u>Erreur grammaticale</u>

Provenance : Utilisation erronée du terme, qui désigne un pic ou une sorte de clou.

Exemple :

> « Pour allumer la lumière du salon, tu dois appuyer sur le piton à gauche. »

Pôle

Signification : Tringle.
<u>Erreur grammaticale</u>

Provenance : Utilisation erronée du terme, qui désigne deux points opposés.

Exemple :

> « Je ne peux pas accrocher mes rideaux, la pôle est brisée. »

Portique

Signification : Entrée, vestibule.

Erreur grammaticale

Provenance : Utilisation erronée du terme, qui désigne une « galerie ouverte soutenue par deux rangées de colonnes ».

Exemple :

> « Vous pouvez laisser vos manteaux et vos souliers dans le portique. »

Prélart

Signification : Revêtement de sol, linoléum.

Innovation québécoise

Provenance : Dérivé du verbe *prêler*, qui signifie « frotter, récurer ».

Exemple :

> « Je dois laver le plancher de ma cuisine tous les jours, car mon prélart est blanc. »

Salon

Signification : Séjour, salle de séjour, living-room.
Erreur grammaticale

Provenance : Utilisation erronée du terme, qui désigne le boudoir, la salle de réception, d'exposition.

Exemple :

> « Maman, est-ce qu'on peut dîner dans le salon pour regarder la télé en même temps ? »

Shed

 Signification : Hangar, remise, cabanon.
Emprunt à l'anglais

Exemple :

> « Bertrand range toujours sa bicyclette dans la shed. »

Stucco

Signification : Crépi, stuc.

<u>Archaïsme français</u>

Exemple :

> « Avant les rénovations, tous les murs de la maison étaient en stucco. »

Support

Signification : Cintre.

<u>Archaïsme français</u>

Exemple :

> « Mon mari n'accroche jamais son manteau sur un support ; il le laisse sur le divan. »

Système de son

 Signification : Chaîne stéréo.

Exemple :

> « C'est Sophie qui apporte son système de son et qui s'occupe de la musique pour la fête. »

Tapisserie

Signification : Papier peint.

<u>Erreur grammaticale</u>

Provenance : Utilisation erronée du terme, qui désigne un « ouvrage d'art en tissu ».

Exemple :

> « Je vais mettre de la tapisserie fleurie sur les murs du salon. »

Vidanges

Signification : Déchets, ordures ménagères.

<u>Erreur grammaticale</u>

Provenance : Utilisation erronée du terme, qui désigne l'action de vider.

Exemple :

> « Va porter les vidanges au chemin, les
> éboueurs passent demain matin. »

Autres

Vocabulaire

Abrier

Signification : Recouvrir d'une couverture.
<u>Archaïsme français</u>

Provenance : Terme disparu du français officiel au
XIIe siècle.

Exemple :

> « Chaque soir, ma mère venait m'abrier dans
> mon lit pour m'endormir. »

Balançoire

Signification : Balancelle, fauteuil balançoire que l'on
met dans les jardins.
<u>Erreur grammaticale</u>

Provenance : Utilisation erronée du terme, qui
désigne une bascule ou une escarpolette.

Exemple :

> « Va m'attendre sur la balançoire, j'apporte les
> coupes de vin. »

Bungalow

Signification : Maisonnette de banlieue.
<u>Emprunt à l'anglais</u>

Exemple :

> « Julie et Mathieu se sont acheté un joli petit
> bungalow où ils emménageront en juillet. »

Déménagement

Le premier juillet est une journée bien chargée pour les Québécois… et une journée où les affaires sont bonnes pour les pizzerias !

Cette date est en effet la journée officielle du déménagement ! Le bail de tous les locataires vient à échéance à cette date et donc, ceux qui décident de changer de logis vont déménager le 1er juillet. Pour cette même raison, les acheteurs d'une première maison vont aussi prendre possession de leur propriété à cette date.

Ce mouvement de masse a ses bons et ses mauvais côtés. Tout le monde profite du congé férié de la Confédération (la fête nationale du Canada est le 1er juillet), en revanche, il faut réserver ses déménageurs à l'avance !

Chambreur

 Signification : Locataire.

Anglicisme

Provenance : Dérivé de l'anglais roomer qui a la même signification.

Exemple :

> « Rémy et Karine ont tellement une grande maison, qu'ils en louent des parties à des chambreurs. »

Coquerelles

Signification : Blattes, cafards.

Anglicisme

Provenance : Dérivé de l'anglais *cockraoch*, qui a la même signification.

Exemple :

> « Le logement était beau, mais Pierre a aperçu
> des coquerelles dans les armoires, il continue
> donc ses recherches pour trouver autre chose. »

Couverte

Signification : Couverture, drap.
Erreur grammaticale

Provenance : Utilisation erronée du terme, qui
désigne « un émail recouvrant la porcelaine ».

Exemple :

> « Je n'aime pas dormir avec Mylène, elle prend
> toujours toutes les couvertes. »

Mouver

 Signification : Déménager.
Anglicisme

Provenance : Dérivé de l'anglais *to move*, qui a la
même signification.

Exemple :

> « Le mois prochain Louise va mouver avec son
> chum dans un joli 41/2 de la rue Richard. »

Peinturer

Signification : Peindre.
Erreur grammaticale

Provenance : Utilisation erronée du terme, qui signifie
« peindre de façon grossière et maladroite ».

Exemple :

> « Nous allons aider Bruno, car il doit peinturer
> tous les murs de son logement. »

Ploguer

Signification : Brancher un appareil.
Anglicisme

Provenance : Dérivé de l'anglais *plug*, qui désigne une prise électrique.

Exemple :

> « C'est normal que le micro-ondes ne fonctionne pas, il n'est même pas plogué ! »

Poste

Signification : Chaîne de télévision.
Erreur grammaticale

Provenance : Utilisation erronée du terme, qui désigne l'appareil récepteur (télévision, radio).

Exemple :

> « Quand j'écoute le hockey à la télévision, Cynthia change toujours de poste pour écouter son émission. »

Serrer

 Signification : Ranger.

Exemple :

> « Charles, voudrais-tu serrer tes patins dans le placard ? »

Suite

Signification : Appartement (dans un hôtel).
Emprunt à l'anglais

Exemple :

> « Nous allons prendre la suite nuptiale, c'est notre nuit de noces. »

Expressions

Appartement chauffé éclairé

Signification : Logis où les frais de chauffage et d'éclairage sont pris en charge par le propriétaire.

Exemple :

> « Notre appartement coûte 575 dollars par mois, chauffé éclairé. »

Barrer la porte

Signification : Verrouiller, fermer à clé.

Exemple :

> « Monique a dû attendre dehors, car la porte était barrée et elle avait perdu ses clés. »

Dormir comme une bûche

Signification : Dormir profondément.

Exemple :

> « Le voleur est passé par sa chambre, mais il ne s'est pas réveillé : il dormait comme une bûche ! »

Tirer la chaîne

Signification : Tirer la chasse d'eau.

Exemple :

> « La moindre des politesses est de tirer la chaîne chaque fois que l'on va à la toilette. »

Vente de garage

Signification : Vide-grenier.

Exemple :

> « J'ai acheté ce meuble dans une vente de garage, je ne l'ai pas payé cher. »

Chapitre 11

Les transports

- Bonjour monsieur, j'aurais besoin de votre aide, je ne suis plus capable de **starter** mon **char**.

- Ma petite dame, vous êtes dans une **station-service** ici pas dans un garage, pour **tinquer** vous êtes à la bonne place, mais je ne peux pas **mettre le doigt sur le bobo**.

- SVP, aidez-moi, je suis **stâlée** dans un **banc de neige** aux **lumières** et je suis venue à pied jusqu'ici.

- D'accord, on va appeler le **towing** et je vais vous **donner un lift** jusqu'à votre **char**.

- Merci beaucoup monsieur !

- De rien, et ne vous inquiétez pas, selon moi vous vous en sauverez qu'avec quelques égratignures sur votre **bumper**.

Pour être en mesure de parler le même langage que le garagiste si jamais vous rencontrez des problèmes mécaniques et de connaître les noms que donnent les Québécois aux différents types de véhicules qui sillonnent leurs routes, nous vous invitons à parcourir le chapitre suivant. Vous constaterez rapidement que l'influence anglophone est considérable dans le domaine des transports.

Vocabulaire

Banc de neige

Signification : Une congère, amoncellement de neige causé par le vent ou le travail de déneigement.

<u>Anglicisme</u>

Provenance : Dérivé de l'anglais *snow bank*, qui a la même signification.

Exemple :

> « Attention de ne pas foncer dans le banc de neige avec ta voiture ! »

Bazou

 Signification : Terme péjoratif pour désigner une vieille automobile, démodée, détériorée.
<u>Emprunt à l'anglais</u>

Exemple :

> « Tu devrais vendre ton bazou et t'acheter une voiture neuve. »

Bicycle

 Signification : Vélo, bicyclette.

Provenance : Diminutif du terme bicyclette.

Exemple :

> « Est-ce que tu veux faire une randonnée à bicycle demain ? »

Charrue (à neige)

 Signification : Chasse-neige.

Exemple :

> « On ne pouvait pas rouler vite, on a suivi la charrue tout le long. »

Chevreuil

Signification : Cerf de Virginie.
<u>Erreur grammaticale</u>

Provenance : Utilisation erronée du terme, qui désigne plutôt une petite chèvre.

Exemple :

> « Attention, à ce temps-ci de l'année, il y a
> beaucoup de chevreuils qui traversent les
> rues. »

Gare aux chevreuils !

Au Québec, la population de chevreuils est considérable, et il n'est pas rare d'en croiser sur son chemin tôt le matin ou à la tombée de la nuit. Le début de l'été (aux mois de mai et juin) et la fin de l'automne (novembre) sont les périodes les plus à risque pour des collisions entre l'animal et les voitures. Dans certaines régions de la province (entre autres en Estrie), un accident sur quatre est causé par la présence de chevreuil sur la route.

Garder l'œil ouvert lors de vos déplacements !

Clencher

 Signification : Accélérer.

Anglicisme

Provenance : Dérivé de l'anglais *to clench*, qui signifie
« serrer ».

Exemple :

> « Nous avons clenché pour ne pas arriver en
> retard à l'école. »

Gazer

Signification : Faire le plein d'essence.

Erreur grammaticale

Provenance : Utilisation erronée du terme qui signifie
plutôt « dissimuler » ou « flamber ».

Exemple :

> « Je dois gazer si on veut se rendre jusqu'à Drummondville sans tomber en panne sèche. »

Lumières

Signification : Feux de circulation.

<u>Anglicisme</u>

Provenance : Dérivé de l'anglais *light*, qui désigne tout ce qui produit de la lumière et que les Américains emploient pour désigner les feux de circulation.

Exemple :

> « Aux prochaines lumières, tu tourneras à droite. »

Sortie d'autoroute

 Signification : Bretelle d'autoroute.

Exemple :

> « J'arrivais à la sortie d'autoroute, quand le policier m'a intercepté. »

Stâler

 Signification : 1. Caler le moteur, tomber en panne.

2. Marquer un arrêt en pleine action.

<u>Anglicisme</u>

Provenance : Dérivé de l'anglais *to stall*, qui signifie « faire obstruction, contrer, caler ».

Exemples :

> 1. « J'ai stâlé à deux rues de chez moi, j'ai dû faire appel à la remorqueuse. »

> 2. « Ma recherche pour mon cours de physique n'avance plus, je suis stâlé. »

Starter (un char)

 Signification : Démarrer la voiture, lancer un moteur.

Anglicisme

Provenance : Dérivé de l'anglais *to start*, qui signifie « commencer, démarrer ».

Exemple :

> « Madame, on va vérifier si maintenant vous êtes capable de starter le char. »

Station de gaz/station-service

 Signification : Poste d'essence.

Exemple :

> « Nous n'aurons pas le choix d'arrêter à la prochaine station-service pour faire le plein. »

Tinquer

 Signification : Mettre de l'essence dans un véhicule.

Anglicisme

Provenance : Dérivé du mot anglais tank, qui signifie « réservoir, citerne ».

Exemple :

> « Je dois aller tinquer avant de partir pour Montréal, je n'ai plus de gaz dans mon char. »

Towing

 Signification : Remorqueuse.

Emprunt à l'anglais

Exemple :

> « Je suis tombée en panne, donc j'ai dû appeler le towing. »

Anatomie de l'automobile

Au Québec, dans le domaine de l'automobile, la majorité des termes employés pour désigner les parties de la voiture sont empruntés à l'anglais. D'ailleurs, l'influence anglophone est tellement présente, que la grande majorité des Québécois ne connaissent pas les termes français et ne sauront donc pas de quoi vous leur parlez si vous dites que vos enjoliveurs sont abîmés. Voici donc comment vous faire comprendre si vous devez vous rendre chez le garagiste !

* Les catégories ne sont pas spécifiées dans cette section, car les termes sont tous des <u>emprunts à l'anglais</u> ou des <u>anglicismes</u>.

Brake (*bréke*)

Signification : Frein.

Brake à bras (*bréke à bras*)

Signification : Frein à main.

Bras de vitesse

Signification : Levier de changement de vitesse.

Bumper (*bomme peur*)

Signification : Pare-chocs d'une voiture.

Caps de roue

Signification : Enjoliveurs de roue.

Char

Signification : Automobile, voiture, bagnole.

Clutch (*clotche*)

Signification : Le système d'embrayage du véhicule.

Dash

Signification : Tableau de bord.

Flat

Signification : Crevaison.

Miroirs

Signification : Rétroviseurs.

Muffler (*mofleur*)

Signification : Silencieux.

Spidomètre

Signification : Indicateur de vitesse, compteur de vitesse.

Spring

Signification : Ressort.

Starter (*starteur*)

Signification : Système de démarrage.

Strappe

Signification : Courroie, poulie.

Switch

Signification : Interrupteur, commutateur, bouton.

Tire de spare (*taï-eur de spère*)

Signification : Roue de secours.

Valise

Signification : Coffre arrière de la voiture.

Wind shire

Signification : Pare-brise.

Expressions

Booster son char

Signification : Recharger la batterie de l'automobile quand elle est à plat.

Exemple :

> « Je n'étais plus capable de démarrer, il a fallu que quelqu'un booste mon char. »

Chauffer son char

Signification : Conduire sa voiture.

Exemple :

> « Tu as bu beaucoup ce soir, tu es certain que tu peux chauffer ton char ? »

Donner (prendre) un lift

Signification : Offrir à quelqu'un de monter dans sa voiture (se faire reconduire par quelqu'un).

Exemple :

> « Tu passes près de chez moi pour rentrer, me donnerais-tu un lift ? »

Faire du pouce

Signification : Faire de l'auto-stop.

Exemple :

> « J'ai fait du pouce pour revenir de Montréal. »

Faire spinner ses pneus

Signification : Faire patiner ses pneus.

Exemple :

> « Arrête le moteur, tu es pris dans la neige et tu ne fais que faire spinner tes pneus. »

Il ne se promène pas à pied

Signification : Il a un beau véhicule, il est fortuné.

Exemple :

> « Son nouveau petit ami ne se promène pas à pied, il conduit une Ferrari. »

Mettre le doigt sur le bobo

Signification : Trouver le problème, la difficulté.

Exemple :

> « Laissez-moi votre véhicule pour l'après-midi, je devrais pouvoir mettre le doigt sur le bobo. »

Passer ses licences

Signification : Obtenir son permis de conduire.

Exemple :

> « Karine a eu 16 ans le mois dernier, donc elle peut maintenant passer ses licences. »

Limitations de vitesse

Voici la vitesse maximum permise selon les secteurs :

Zones scolaires : 30 km/h

Villes et villages : 50 km/h

Entrées et sorties des villes : 70 km/h

Rangs de campagne : 80 km/h

Routes secondaires (numérotées) : 90 km/h

Autoroutes : 100 km/h

Vous aurez remarqué que la limite permise sur les autoroutes québécoises est inférieure à celles de la France, soyez donc vigilant dans vos déplacements !

Peser sur le gaz (*peser su'l gaz*)

Signification : Accélérer.

Exemple :

> « Pèse sur le gaz, notre rendez-vous est dans dix minutes. »

Prendre le champ

Signification : Faire une embardée, quitter accidentellement la route.

Exemple :

> « Ils ont pris le champ, la voiture est une perte totale, mais par chance, ils ne sont pas blessés. »

Seconde main

Signification : Utilisé pour désigner un objet d'occasion, usagé.

Exemple :

> « J'ai acheté une voiture seconde main. C'était celle de mon voisin. »

Stationner sa voiture

Signification : Garer sa voiture.

Exemple :

> « Tu peux stationner ta voiture devant la maison. »

Traverser les lignes

Signification : Traverser les frontières, passer à la douane.

Exemple :

> « Quand nous avons traversé les lignes, ils nous ont demandé notre passeport. »

Virer sur le côté (*virer su'l côté*)

Signification : Verser.

Exemple :

> « Il a perdu la maîtrise du véhicule et celle-ci a viré sur le côté. »

Virer sur le top (*virer su'l top*)

Signification : Capoter.

Exemple :

> « Après avoir heurté le poteau, la voiture a viré sur le top. »

Les transports en commun

Comme le territoire est vaste, il ne fait pas partie des mœurs québécoises d'utiliser les transports en commun parce que pratiquement tout le monde possède sa propre voiture.

Dans les grandes villes, les gens prennent l'autobus pour effectuer la majorité de leurs déplacements, mais dans les régions, tout le monde prend son auto. Pour voyager d'un centre à l'autre, le transport en commun n'est pas très populaire et pas très développé non plus. Il est possible de prendre l'autobus pour se rendre d'un grand centre à un autre, mais beaucoup de petites villes et presque tous les villages ne sont pas desservis.

Et oubliez le train ! Rares sont les endroits où il passe.

Finalement, il n'y a que Montréal qui offre le métro, vous devrez donc mettre le nez dehors partout ailleurs où vous irez !

La morale de cette histoire : pour des déplacements efficaces d'une ville à l'autre, la location de voiture reste la meilleure option !

Partie 3 : Pour les séjours prolongés

Chapitre 12

La santé

• • • • • • • • • • • • • • • • • • •

- ✔ Je me demande bien ce qui a pu empêcher Luc de se joindre à nous pour ce dîner…
- ✔ Tu ne sais donc pas qu'il est malade ? Il a fait une **angine de poitrine** la semaine dernière.
- ✔ Tu veux rire ? Je l'ai vu avant-hier. J'ai bien trouvé qu'il était **blanc comme un drap**, mais je ne pensais pas que c'était si grave !
- ✔ Il croit pouvoir revenir au bureau dans quelques semaines, mais après une **crise de cœur** comme ça, il aura certainement une convalescence d'un ou deux mois…
- ✔ Tu parles ! Il va **être magané** pour quelque temps encore !
- ✔ Oui, il risque **d'avoir les deux yeux dans le même trou** pour longtemps !

Particulièrement colorées et imagées, les expressions québécoises qui touchent le domaine de la santé sont nombreuses. Ce chapitre vous sera donc d'une grande aide si, par malchance, votre séjour comporte un passage obligé dans un hôpital ou une clinique.

Vocabulaire

Consommer

Signification : Faire usage de drogues.

Exemple :

> « Rien d'étonnant à ce qu'elle soit en si mauvaise santé, elle consomme depuis de nombreuses années. »

Flux

Signification : Diarrhée.
<u>Archaïsme français</u>

Provenance : N'était employé à l'origine que pour désigner le « flux de la mer » qui était souvent influencé par des courants imprévisibles.

Exemple :

> « J'ai de la fièvre, des nausées, des vomissements et le flux. »

Garde-malade

Signification : Infirmière.

Exemple :

> « La garde-malade nous a demandé d'attendre la visite du médecin avant de quitter l'hôpital. »

Poque

Signification : Ecchymose.

Exemple :

> « L'accident de voiture ne lui a causé que des blessures mineures comme des éraflures et quelques poques. »

Sobre

Signification : À jeun (d'alcool).

Archaïsme français

Provenance : Signifiait à l'origine une personne qui mangeait et buvait avec modération.

Exemple :

> « Tu as une longue route à faire ce soir et je préférerais que tu attendes d'être sobre avant de prendre le volant. »

Va-vite

 Signification : Diarrhée.

Provenance : Dérivé de la locution adverbiale *à la va-vite* qui signifie « de façon bâclée et pressée ».

Exemple :

> « Mon petit neveu a raté l'anniversaire de son copain parce qu'il avait le va-vite. »

Expressions

Angine de poitrine

Signification : Infarctus.

Exemple :

> « Il faudra attendre les résultats de l'autopsie avant de confirmer qu'il est bien mort d'une angine de poitrine. »

Avoir la guédille au nez

Signification : Avoir la morve au nez.

Exemple :

> « Je savais bien que Florent aurait une grippe, ça fait plusieurs jours qu'il a de la fièvre et qu'il a la guédille au nez. »

Avoir les deux yeux dans le même trou

Signification : Avoir le regard vague sous l'effet d'une grande fatigue ou au réveil.

Exemples :

> « Martine a besoin d'une longue nuit de sommeil, elle a les deux yeux dans le même trou. »

> « Un grand café te fera du bien, tu as les deux yeux dans le même trou ce matin ! »

La grippe et le rhume… des incontournables québécois !

Si la grippe aviaire et la grippe AH1N1 n'ont épargné presque aucune partie du globe, la grippe prend un tout autre sens pour les Québécois. Incontournable et inévitable à chaque retour de la saison hivernale, la grippe et son inséparable : le rhume sont bien connus des gens d'ici.

Chaque hiver, la grippe fait son retour et touche particulièrement les enfants, bien que… personne (ou presque) ne réussisse à passer l'hiver sans un rhume ou une petite grippette ! Notamment en raison des températures glaciales qui nous poussent à passer le plus clair de notre temps à l'intérieur, les uns collés sur les autres (ce qui favorise la contagion), la grippe fait partie des réalités de l'hiver québécois ! Et bien que les rayons des pharmacies débordent de médicaments et de produits naturels de toutes sortes contre le rhume et la grippe… les grands-mères d'antan et d'aujourd'hui ne jurent que par la soupe poulet et nouilles pour ragaillardir les petits et les grands malades !

Et s'il vous arrive de visiter le Québec en hiver, demandez à l'une ou l'autre de vos nouvelles amies québécoises de vous expliquer en quoi consiste une « grippe d'homme »… vous la ferez sourire à tout coup !

Avoir les yeux dans la graisse de bines

Signification : Avoir le regard absent, être perdu dans ses pensées.

Exemple :

> « Lyli a certainement un faible pour ce garçon, dès qu'il apparaît, elle a les yeux dans la graisse de bines ! »

Crise de cœur

Signification : Infarctus.

Exemple :

> « Après s'être battue durant des années contre un cancer, ma grand-mère a succombé à une crise de cœur dans son sommeil. »

Être blanc comme un drap

Signification : Être pâle, livide.

Exemple :

> « Deux heures après l'accident, Geneviève était encore blanche comme un drap tellement elle avait été terrorisée. »

Être magané

Signification : Être en mauvaise santé, en piètre condition physique.

Exemples :

> « Après avoir abusé de l'alcool et des drogues dans sa jeunesse, cet homme est si magané qu'il fait dix ans de plus que son âge. »

> « On a fêté très tard hier et ce matin, nous sommes tous maganés. »

Être raqué

Signification : Être courbaturé après un effort ou un exercice physique.

Exemple :

> « La première journée de ski de l'année me laisse toujours raquée pour quelques jours. »

Être sur les antibiotiques

Signification : Prendre des antibiotiques, être sous traitement antibiotique.

Exemple :

> « Noëlle est allée chez le médecin et elle est sur les antibiotiques pour deux semaines. »

Feu sauvage

Signification : Bouton de fièvre qui se situe près de la bouche et qui est contagieux.

Exemple :

> « Prends garde à ne pas boire dans le même verre que moi, j'ai un feu sauvage. »

La grande opération

Signification : Hystérectomie (opération qui consiste à retirer les organes reproducteurs féminins).

Exemple :

> « Puisqu'elle a subi la grande opération, la mère d'Olivier est en convalescence pour plusieurs semaines. »

Mal de bloc

Signification : Mal de tête (ou malaise ressenti le jour suivant un abus d'alcool).

Exemples :

> « J'ai pris congé cet après-midi, j'ai un mal de bloc qui m'empêche de travailler. »

> « Au lendemain de cette fête trop bien arrosée, presque tous mes invités avaient un mal de bloc. »

Sous l'influence de l'alcool

Signification : En état d'ébriété, sous l'emprise de l'alcool.

Exemple :

> « Karine est une jeune femme charmante, mais lorsqu'elle est sous l'influence de l'alcool, elle devient désagréable. »

Chapitre 13

L'école et le travail

- ✔ Je voudrais tellement que mon projet soit accepté par le conseil d'administration… Connais-tu quelqu'un qui **a des connexions** et qui pourrait m'aider ?

- ✔ À ta place, j'en glisserais un mot à Jeanne. Elle est dans ce milieu depuis longtemps et elle **a le bras long** !

- ✔ Je vais la voir tout de suite… après tout, ma proposition est déjà à **l'agenda** de la réunion de demain.

- ✔ Ne t'en fais pas, je **seconderai** ta motion, je t'appuierai.

- ✔ Merci ! Je sais que **j'ai encore des croûtes à manger**, mais si je m'entoure de gens d'expérience, je pourrai mener à bien ce projet.

- ✔ L'important c'est de **connaître la gamique**… je suis certaine que tu y arriveras !

Dans le cas où votre séjour au Québec se prolongerait, il va sans dire que le secteur de l'emploi et le milieu scolaire sont des sujets que vous devrez maîtriser. Au bureau ou en classe, les expressions utilisées sont nombreuses et variées et peuvent être mal interprétées par des oreilles non initiées au parler québécois !

Vocabulaire

Agenda (d'une réunion)

Signification : Ordre du jour.

<u>Erreur lexicale</u>

Provenance : Utilisation erronée du terme qui désigne « un petit carnet permettant d'écrire les choses que l'on a à faire pour chaque journée ».

Exemple :

> « Si je me fie à l'agenda de ce matin, nous ne sortirons pas de cette réunion avant la fin de la matinée. »

Aiguisoir

 Signification : Taille-crayon.

Exemple :

> « Je ne suis partie que deux jours et le désordre est tel que je ne retrouve ni mes crayons ni mon aiguisoir. »

Babillard

Signification : Tableau d'affichage.

<u>Archaïsme français</u>

Provenance : Désignait à l'origine un « individu qui jacasse, qui babille ».

Exemple :

> « Les offres de stages d'été sont affichées sur le babillard depuis lundi dernier. »

Briefing

Signification : Breffage.

<u>Emprunt à l'anglais</u>

Exemple :

> « J'espère que tu es en grande forme, c'est aujourd'hui qu'aura lieu cet important briefing avec notre principal client. »

Brocheuse

Signification : Agrafeuse.

<u>Archaïsme français</u>

Provenance : Féminin du mot *brocheur* qui désignait à l'origine un « ouvrier dont le métier est de brocher les livres ».

Exemple :

> « J'ai besoin de mettre de l'ordre dans tous ces documents, quelqu'un aurait-il une brocheuse sous la main ? »

Butcher

 Signification : Effectuer un travail de manière négligente.

Anglicisme

Provenance : Dérivé du verbe *to botch* qui signifie « bousiller ».

Exemples :

> « Catherine n'aurait jamais dû confier ce travail de précision à Xavier, il butche tout ce qu'il fait. »

> « Tu devras recommencer ce projet, on voit bien que tu l'as butché ! »

Cartable

Signification : Classeur ou cahier à spirale.
<u>Archaïsme français</u>

Provenance : Le terme *cartable* désignait à l'origine un « livre blanc à écrire ».

Exemple :

> « Range tout de suite ces papiers importants dans ton cartable avant de les égarer ! »

Cédule

Signification : Horaire.
<u>Anglicisme</u>

Provenance : Dérivé de l'anglais *schedule* qui signifie « ordre du jour ».

Exemple :

> « Je ne sais pas à quelle heure je dois être sur place pour l'embarquement, je vais devoir consulter ma cédule. »

Cellulaire (ou **cell**)

Signification : Téléphone portable.

Exemples :

> « Je dois prévenir mes parents de mon retard, tu veux bien me prêter ton cell ? »

> « Le travail de représentante de Luce l'oblige à traîner son cellulaire en tout temps avec elle. »

Dactylo

Signification : Machine à écrire.

Archaïsme français

Provenance : Désignait à l'origine un « individu qui fait usage d'une machine à écrire ».

Exemple :

> « Jean ne comprend rien à l'informatique, il prépare donc encore tous ses rapports à la dactylo ! »

Discontinuer

Signification : Abandonner la production d'un produit.

Anglicisme

Provenance : Dérivé du verbe *to discontinue* qui signifie « cesser ».

Exemples :

> « Ce produit n'étant pas suffisamment rentable au goût du propriétaire, le gérant a dû le discontinuer. »

« Il y a des semaines que je cherche ce produit en magasin, et ce n'est qu'aujourd'hui que j'apprends qu'il est discontinué depuis longtemps ! »

Efface

 Signification : Gomme à effacer.

Exemple :

« J'ai acheté tout le matériel scolaire pour mon neveu, incluant crayons, effaces et cahier d'exercices. »

Garderie

Signification : Crèche.

<u>Archaïsme français</u>

Provenance : Désignait à l'origine une « étendue de bois que surveille un seul garde forestier ».

Exemple :

« Cette jeune mère était bien contente de trouver une place à la garderie pour son bébé. »

Goaler

 Signification : Se démener, effectuer un travail de manière efficace.

<u>Anglicisme</u>

Provenance : Dérivé de l'anglais *goal* qui signifie « objectif ».

Exemples :

« J'ai besoin de quelqu'un qui peut goaler un projet d'une telle envergure. »

« La manière dont Christophe a su goaler ce projet a étonné tout le monde au bureau. »

Le système d'éducation québécois

Très différent de son cousin français, le système d'éducation québécois donne bien des maux de tête aux Français qui élisent domicile au Québec et qui se doivent ensuite d'inscrire leurs enfants à l'école. En cinq étapes, soit la maternelle, l'école primaire, le secondaire, le collégial et l'université, le système d'éducation fait entrer les jeunes québécois à l'école à l'âge de 5 ans.

✔ La maternelle

Les enfants de 5 ans entrent à la maternelle qui durera un an et les introduira à la notion « d'école ». On leur apprendra à développer leurs aptitudes intellectuelles, artistiques, physiques et sociales par différents jeux. Certains parents décideront de faire entrer leurs enfants à l'école un an plus tôt dans une classe que l'on appellera alors la prématernelle.

✔ Le primaire

L'école primaire dure six ans ; les enfants y entrent donc à l'âge de 6 ans et en ressortent à 12 ans avec un bagage dans différentes matières scolaires dont le français, l'anglais, les mathématiques, les sciences, la musique, l'art et le sport.

Point à souligner : les années d'études au Québec se comptent selon un ordre croissant, on y entre en première année et on termine à la fin de sa sixième année de primaire.

✔ Le secondaire

D'une durée de cinq ans, l'école secondaire termine les années d'études communes à tous les enfants. Éducation générale qui complète l'école primaire, on y retrouve encore les matières scolaires de base, mais les élèves y auront aussi l'occasion de prendre certains cours en option par des voies mettant l'accent sur le sport, les sciences ou les arts. À ce stade, on nomme les années d'études ainsi : secondaire 1, secondaire 2, et ainsi de suite, jusqu'à la dernière année, le secondaire 5.

☞

Le système d'éducation québécois *(suite)*

✔ Le collégial

Ce niveau scolaire a été créé au Québec il y a une cinquantaine d'années et n'existe que dans cette province. Il s'agit de deux années transitoires avant l'entrée à l'université pour ceux qui choisiront un programme pré-universitaire (arts et lettres, sciences pures ou sciences humaines), ou trois ans dans le cas d'une formation technique qui mènera directement à l'emploi (technicien de laboratoire, infirmière, assistant dentaire, etc.).

✔ L'université

L'université québécoise propose trois diplômes dont le premier consiste en un baccalauréat (bac) d'une durée de trois ou quatre ans selon la discipline choisie. Pourront ensuite suivre la maîtrise, pour laquelle le bac est préalable, et le doctorat, qui exige une maîtrise.

Manufacture

Signification : Usine.

Anglicisme

Provenance : Dérivé de *manufacturer* qui signifie « manufacturier, industriel, fabriquant ».

Exemple :

> « Il y aura plusieurs congédiements chez les employés de cette manufacture. »

Meeting

Signification : Réunion ou assemblée.

Emprunt à l'anglais

Exemple :

> « Replace ta cravate et mets ton veston avant de te présenter à ce meeting ! »

Minutes (d'une assemblée)

Signification : Procès-verbal.

Innovation québécoise

Exemple :

> « Je devrai relire attentivement les minutes de l'assemblée de ce matin avant de prendre ma décision. »

Muffer

Signification : Échouer, ne pas réussir.

Anglicisme

Provenance : Dérivé du verbe *to muff* qui signifie « rater, travailler maladroitement ».

Exemple :

> « Malgré tous ses efforts et les longues heures qu'il a passées à étudier, il a encore muffé cet examen. »

Seconder (une motion)

Signification : Appuyer une proposition.

Archaïsme français

Provenance : Signifiait à l'origine « aider, favoriser, servir quelqu'un dans un travail ».

Exemple :

> « Comme personne ne l'avait encore fait, j'ai secondé la motion proposée par Olivier. »

Session (d'université)

Signification : Trimestre ou semestre.

Exemples :

> « Madeleine est si travaillante qu'elle va à l'école l'été, ce qui lui permet de faire trois sessions d'université par année ! »

« Vivement que la session d'hiver se termine et que les vacances d'été arrivent ! »

Études et travail à temps partiel

Si les études sont généralement perçues comme une occupation à temps plein en France, il en va autrement en sol québécois. En effet, la majorité des étudiants jonglent avec les horaires et obligations de leurs études (collégiales et universitaires) afin de pouvoir à la fois étudier et occuper un emploi à temps partiel qui leur demandera en général entre dix et vingt heures par semaine. Certainement influencée par la grande valorisation du travail qui est partie intégrante de la culture québécoise, cette pratique permet aux jeunes d'assurer eux-mêmes une partie de leurs frais d'études et de limiter leur endettement.

Ne vous étonnez donc pas de retrouver une majorité d'étudiants comme employés dans les magasins à grande surface, restaurants et épiceries les soirs et durant le week-end, ces commerces étant les principaux employeurs pour les étudiants qui composent avec école et travail…

Side-line

Signification : Revenu péri-professionnel.
Emprunt à l'anglais

Exemple :

« C'est grâce au side-line de Carole que ses enfants peuvent être nourris et habillés. »

Signer

Signification : Engager, accorder un contrat.
Anglicisme

Provenance : Dérivé de l'anglais *to sign* qui signifie « conclure ».

Exemples :

> « L'équipe de foot a signé plusieurs joueurs fort prometteurs. »

> « C'est une chance pour le patron de cette entreprise d'avoir pu signer cette avocate réputée. »

Slacker

 Signification : Congédier, virer.
<u>Anglicisme</u>

Provenance : Dérivé du verbe *to slack* qui signifie « relâcher, larguer, lâcher ».

Exemple :

> « Malgré les difficultés de la boîte qui l'employait, Yan ne se doutait pas qu'il se ferait slacker si rapidement. »

Slash

Signification : Barre oblique.
<u>Emprunt à l'anglais</u>

Exemple :

> « Le clavier de l'ordinateur a été changé, pourrais-tu me dire sur quelle touche appuyer pour obtenir un slash ? »

Stock

Signification : Marchandise.
<u>Emprunt à l'anglais</u>

Exemple :

> « Pour éviter les erreurs, vérifie bien tout le stock avant de signer ce bon de livraison. »

Stoff

 Signification : Produit.
<u>Anglicisme</u>

Provenance : Dérivé de l'anglais *stuff* qui signifie
« chose, truc, fourbi… ».

Exemple :

> « J'ai acheté un nouveau stoff qui devrait
> nous aider à nettoyer les planchers plus
> rapidement. »

Expressions

Année sabbatique

Signification : Année de congé sans solde.

Exemple :

> « Elle était très tendue et exténuée, une année
> sabbatique lui fera le plus grand bien ! »

Avoir de l'ouvrage

Signification : Être très occupé.

Exemple :

> « J'ai tellement d'ouvrage que je ne peux croire
> que je survivrai à cette journée ! »

Avoir des connexions

Signification : Avoir des relations bien placées (dans
le domaine professionnel).

Exemple :

> « Marie a beaucoup de connexions, son appui
> devrait t'apporter une grande crédibilité. »

Avoir des croûtes à manger

Signification : Manquer d'expérience.

Exemple :

> « Maxime a beaucoup de détermination, mais il
> a des croûtes à manger avant de pouvoir mener
> seul une telle entreprise. »

La semaine de 40 heures

Si chaque emploi varie en termes d'horaires et d'exigences, le travailleur québécois moyen travaille 40 heures par semaine, certaines variations peuvent toutefois découler des heures supplémentaires effectuées par un employé ou en raison de certains congés fériés.

Vestige des débuts de l'ère industrielle, la semaine de 40 heures a été instaurée à la base pour permettre aux usines de produire 24 heures sur 24 et ce, en effectuant un changement de main-d'œuvre toutes les 8 heures. Bien qu'issue du milieu ouvrier, cette mesure s'inscrit maintenant dans la majorité des secteurs d'activités, de l'usine aux bureaux gouvernementaux.

On retrouve bien sûr des emplois à temps partiel, qui varient de 10 à 25 heures de travail par semaine, mais également de nombreux employés qui travaillent bien au-delà de leurs 40 heures hebdomadaires. Il est en effet courant au Québec de croiser, et ce, dans tous les secteurs, des employés qui travaillent 50, voire 60 heures par semaine, soit en travaillant le week-end, soit en allongeant de beaucoup leurs journées de travail en semaine. Loin d'être condamnée, cette pratique est même fortement encouragée dans une culture qui valorise hautement le travail et le dévouement d'un individu envers son emploi ou son employeur.

Avoir le bras long

Signification : Être influent.

Exemple :

> « La collaboration de Pierre t'est essentielle, il a le bras long et pourra faire beaucoup pour toi. »

Avoir sa journée dans le corps

Signification : Être fourbu après une journée de travail exigeante.

Exemple :

> « Je devais accompagner les enfants à la patinoire ce soir, mais j'avais ma journée dans le corps et j'y ai renoncé. »

Connaître la gamique

Signification : Connaître la combine, connaître la musique.

Exemple :

> « Après tant d'années dans le milieu des travaux publics, Jacques connaît bien la gamique. »

Donner une bourrée

Signification : Décupler l'effort dans l'accomplissement d'une tâche.

Exemple :

> « Il ne nous reste que deux jours avant de remettre cette soumission, nous allons devoir donner une bourrée ce soir ! »

Écrire en lettres carrées

Signification : Écrire en capitales.

Exemple :

> « David n'a pas une très belle calligraphie, il écrit encore en lettres carrées ! »

Être en devoir

Signification : Être en service.

Exemple :

> « En tant que policier, il lui est interdit de consommer de l'alcool lorsqu'il est en devoir. »

Être une bolle, un(e) bollé(e)

Signification : Individu qui réussit très bien au niveau scolaire.

Exemples :

> « Tu as vu le résultat d'histoire qu'a obtenu Marc ? C'est un vrai bollé ! »

> « Je sais que cette bolle de Maryse réussira cet examen sans devoir étudier. »

Être payé sur la sly

Signification : Être payé sous la table.

Exemple :

> « Avec tous les impôts qu'elle n'a pas à payer, Martine a de la chance d'être payée sur la sly ! »

Faire de la boulechitte

Signification : Produire un travail de piètre qualité.

Exemple :

> « Je te déconseille vivement de recruter Samuel pour ce poste, il ne te fera que de la boulechitte ! »

Faire la grosse vie

Signification : Mener une vie de château.

Exemple :

> « Avec son salaire exorbitant, Louise fait la grosse vie et elle ne travaille que quelques heures par jour ! »

Faire le train

Signification : Exécuter l'ensemble des travaux quotidiens relatifs à l'exploitation d'une ferme.

Exemple :

> « La vie de cultivateur est dure avec le train qu'il faut faire le matin et le soir. »

Foxer l'école

Signification : Faire l'école buissonnière, sécher les cours.

Exemples :

> « Pas étonnant que ta fille ait de si mauvais résultats académiques ; elle passe son temps à foxer l'école. »

> « Je n'ai jamais foxé l'école, j'étais bien trop sage ! »

Frapper un nœud

Signification : Rencontrer une difficulté.

Exemple :

> « Avec cette subvention qu'il a perdue, Paul vient de frapper un nœud ! »

Gagnant-gagnant

Signification : Se dit d'une entente ou d'un échange qui profite aux deux parties.

Exemple :

> « J'ai obtenu un excellent produit et le vendeur en récoltera une bonne commission, c'était une vente gagnant-gagnant. »

Livrer la marchandise

Signification : Réussir à remplir son mandat.

Exemple :

> « Claire est une femme très fiable, tu peux compter sur elle pour livrer la marchandise ! »

Partir à son compte

Signification : Ouvrir un commerce indépendant.

Exemple :

> « C'était un risque financier important, mais aujourd'hui, Claude est très heureuse d'être partie à son compte l'an dernier. »

Passer un examen

Signification : Réussir un examen.

Exemple :

> « C'était une grande fierté pour moi d'avoir passé cet examen au premier essai. »

Sac d'école

Signification : Cartable.

Exemple :

> « Mets tes livres et tes crayons dans ton sac d'école avant de les oublier ! »

Se péter les bretelles

Signification : Faire le fier, se vanter de ses succès.

Exemple :

> « C'était un pur coup de chance que Virginie a eu avec cette soumission, pourtant, elle n'a de cesse de se péter les bretelles depuis qu'elle a obtenu le contrat ! »

Se pogner le cul (à deux mains)

Signification : Ne rien faire, perdre son temps.

Exemple :

> « Je ne comprends pas que ses patrons ne l'aient pas encore viré, il se pogne le cul toute la journée dans son bureau ! »

Sous contrôle

Signification : Maîtrisé, contrôlé.

Exemple :

> « La récession frappe fort dans notre industrie, mais pour l'instant, la production est sous contrôle. »

Spécifications

Signification : Stipulations d'un contrat/ caractéristiques techniques.

Exemples :

> « Le prix unitaire de ce produit fait partie des spécifications du contrat et n'est pas négociable. »

> « Les spécifications sont nombreuses pour ce type de produits spécialisés. »

Sur l'horaire

Signification : À l'horaire.

Exemple :

> « Tu aurais dû arriver à l'heure pour cette assemblée, c'était sur l'horaire depuis des lustres ! »

Surtemps

Signification : Temps supplémentaire.

Exemple :

> « La prime financière offerte aux employés qui font du surtemps a su convaincre de nombreux employés de travailler le dimanche. »

Tourner les coins ronds

Signification : Effectuer une tâche sans minutie.

Exemple :

> « Il est déplorable de voir que le comptable en charge de ces livres ait à ce point tourné les coins ronds lors des vérifications annuelles. »

Travailler sur l'ordinateur

Signification : Travailler à l'ordinateur.

Exemple :

> « Je n'ai pas vu le temps passer tellement j'étais concentré en travaillant sur l'ordinateur. »

Chapitre 14

Sports et plein air

- ✔ Je n'aime pas aller voir jouer Julien à la **balle molle** parce qu'il y a beaucoup de **maringouins** près du terrain où il joue.
- ✔ Tu es quand même chanceuse, Luc lui joue au hockey dans une **ligue de garage**.
- ✔ C'est bien, à l'aréna y a pas de **bibittes** au moins et tu es certaine qu'il ne **mouillera** jamais !
- ✔ Ouin, mais il fait **frette** et Luc sent toujours le **swigne** après le match.
- ✔ Bien moi je préférerais que le vendredi soir mon mari m'offre des soirées romantiques ; qu'il m'amène **faire du cheval** à la **brunante**… plutôt que de m'obliger à venir encourager son équipe !

Le sport occupe une grande place dans la vie de beaucoup de gens au Québec, qui le pratiquent, le regardent à la télévision, en parlent, y assistent sur le terrain. Lisez le chapitre qui suit si vous voulez être capable vous aussi d'échanger sur le sujet !

Vocabulaire

Accoter

Signification : Égaler une performance.

Erreur grammaticale

Provenance : Utilisation erronée du terme, qui signifie « accouder, appuyer ».

Exemple :

> « Si on reprenait pour une seconde partie de tennis, je suis certaine que cette fois je t'accoterais sans problème. »

Balle molle

 Signification : Variante du base-ball, se jouant avec un bâton et une balle plus lourds, donc le jeu est plus lent.

Provenance : Sport baptisé ainsi en lien avec les caractéristiques de la balle employée pour y jouer.

Exemple :

> « Gabriel a frappé deux courts-circuits lors de sa partie de balle molle d'hier. »

Bâtons de golf

Signification : Clubs de golf.

Au Québec le *club* signifie le parcours où l'on va jouer. <u>Anglicisme</u>

Provenance : Traduction mot à mot de l'anglais *golf sticks*, qui a la même signification.

Exemple :

> « Benoît s'est acheté de nouveaux bâtons de golf, il va les amener demain au club pour jouer. »

Bibittes (*bébittes*)

 Signification : Insectes ou petits animaux (bibittes à poil, à plume, etc.).

Exemple :

> « Mets-toi de l'insecticide, ou tu vas te faire manger par les bibittes. »

Bécosses

 Signification : Toilettes, situées à l'extérieur, toilettes sèches.

<u>Anglicisme</u>

Provenance : Dérivé de l'anglais *back house*, qui signifie « derrière la maison ».

Exemple :

> « Ce que je n'aime pas des spectacles extérieurs, c'est que l'on doit uriner aux bécosses et que ça sent mauvais. »

Bicycle (*bicyk*)

 Signification : Bicyclette, vélo.

Provenance : Diminutif du terme *bicyclette*.

Exemple :

> « Sandra a acheté un bicycle rose à sa fille pour qu'elle l'accompagne dans ses randonnées à vélo. »

Craquias

 Signification : Chardons, toques.

Provenance : Dérivé de *graquias*, nom spécifique désignant la plante.

Exemple :

> « Attention aux craquias les enfants, il y en a beaucoup près du jardin. »

Érablière

 Signification : Forêt d'érables à sucre exploitée pour l'industrie des produits de l'érable, elles sont aussi courantes que les chênaies en France.

Provenance : Dérivé du terme *érable*, désignant l'arbre.

Exemple :

> « Mon grand-père possède une érablière où
> nous allons nous sucrer le bec chaque année ! »

Le temps des sucres

Depuis la nuit des temps, les Québécois recueillent l'eau des érables à sucre pour fabriquer du délicieux sirop d'érable et ses produits dérivés. Encore aujourd'hui, les Québécois soulignent cette période que l'on nomme le temps des sucres et qui ne dure que quelques semaines dans l'année.

✔ C'est quand ?

Le temps des sucres débute entre la fin du mois de février et le milieu du mois de mars, en fonction des conditions météorologiques. Quand le sol dégèle, les érables se mettent à réabsorber l'eau du sol, qui monte vers les bourgeons apportant avec elle le sucre que l'arbre avait mis en réserve pour l'hiver dans ses racines.

✔ Comment ça fonctionne ?

C'est à cette période que les Québécois percent des trous dans l'arbre, y insèrent un chalumeau (genre de petit bec) et y accrochent une chaudière métallique (un seau), pour recueillir l'eau d'érable. Dans les petites érablières familiales, c'est encore aujourd'hui le procédé qui est utilisé. Il faut aller à pied, pratiquement tous les jours, ramasser l'eau des chaudières, qui est transvasée dans un plus gros récipient tiré par un tracteur, pour être acheminée dans les réservoirs de la cabane à sucre.

Dans les érablières industrielles, des tuyaux passant d'arbre en arbre sont installés au début de la saison, et l'eau est acheminée automatiquement dans les réservoirs, ce qui limite les pertes dues au débordement ou encore à l'eau de pluie… et ça limite l'effort !

Dans la cabane à sucre, l'eau est ensuite bouillie à différents degrés, en fonction de ce que l'on souhaite obtenir.

☞

Le temps des sucres *(suite)*

✔ Les produits de l'érable

Voici les produits courants retrouvés dans la cabane à sucre, ils sont présentés dans l'ordre, c'est-à-dire de l'état brut à celui qui est le plus transformé : L'eau d'érable, qui en soi constitue un breuvage excellent avec son goût légèrement sucré.

Le réduit, qui est aussi un breuvage, très chaud et très sucré... souvent un verre suffit !

Le sirop d'érable, bien connu de tous, que l'on ramène à la maison pour garnir crêpes, gaufres, glaces et autres desserts !

La tire, versée sur la neige, on la mange à l'aide d'un petit bâton de bois nommé palette.

C'est le produit le plus populaire de la cabane à sucre et on en mange à tout coup !

Le beurre d'érable, qu'il n'est habituellement pas possible de déguster sur les lieux à cause de son temps de fabrication plus long, mais qui ne donne pas sa place sur des rôties.

✔ Un rendez-vous familial

Le temps des sucres dure environ un mois et c'est une occasion de se retrouver en famille et de profiter de la température plus clémente du début du printemps. Comme Pâques est à ce même moment de l'année, les Québécois célèbrent souvent cette fête religieuse à la cabane à sucre. Les gens qui ont la chance de connaître quelqu'un qui possède une érablière vont souvent mettre la main à la pâte et iront à la cabane à sucre pratiquement tous les week-ends. Les autres ne manquent pas l'occasion de se sucrer le bec : ils réservent dans des cabanes à sucre commerciales, et vont s'y régaler deux à trois fois dans la saison.

À vous de vous en lécher les babines !

Frette

Signification : Très, très froid.

Provenance : Dérivé des termes *frais* et *froid*.

Exemple :

> « Mets ta tuque et tes mitaines, à moins 32, y fait frette en criss dehors ! »
> (Mets ton bonnet et tes moufles, à moins 32 degrés Celsius, il fait extrêmement froid dehors !)

Herbe à puces

Signification : Plante qui cause une violente irritation de la peau lorsqu'on s'y frotte.

Nom scientifique *Toxicodendron radicans*.

Exemples :

> « Lors de sa promenade en forêt, Maxime a attrapé l'herbe à puces. »

Maringouins

Signification : Moustiques, insectes piqueurs.

Provenance : Le mot serait issu d'un dialecte amérindien, le *tupi*, et aurait fait son apparition au Québec dès le XVIe siècle.

Exemple :

> « Quand on va se promener dans la forêt, on se fait toujours piquer par les maringouins. »

Mouiller

Signification : Pleuvoir.

<u>Erreur grammaticale</u>

Provenance : Utilisation erronée du terme, qui signifie « arroser, éclabousser, tremper ».

Exemple :

« Apporte ton parapluie, il va sûrement mouiller aujourd'hui. »

La petite histoire de la motoneige

En 1922, Joseph-Armand Bombardier n'a que 15 ans, mais le jeune inventeur transforme déjà des voitures Ford en auto-neige, une automobile avec des skis à l'avant et des chenilles à l'arrière. Cette nouvelle invention fait le bonheur des médecins et des curés, qui voient leurs longs déplacements sur les terres enneigées facilités.

C'est en 1957, dans son village natal de la région de l'Estrie, que J.-A. Bombardier invente son modèle individuel de voiture sur chenilles : la motoneige. Déjà en 1959, 225 modèles de ski-doo sont vendus à des professionnels qui doivent se déplacer dans le Nord québécois et à des sportifs, au prix très élevé pour l'époque de 1 000 dollars chacun.

Monsieur Bombardier est décédé en 1964, mais son entreprise lui survit toujours. Bombardier est une des plus importantes multinationales québécoises et œuvre dans le domaine des transports et de l'aéronautique. La filiale Produits récréatifs de l'entreprise a toujours son siège social dans le village natal de son fondateur.

Pour en connaître davantage sur l'histoire de cette fierté québécoise, faites un détour par le musée Joseph-Armand Bombardier de Valcourt, bonne visite !

Siffleux

Signification : Marmotte.

<u>Erreur grammaticale</u>

Provenance : Utilisation erronée du terme, qui désigne « une personne qui siffle ».

Exemple :

> « Nous devons chasser le siffleux qui vit sous notre galerie, devant la maison, car il pourrait causer des dommages. »

Ski-Doo

 Signification : Motoneige ou scooter des neiges.

<u>Anglicisme</u>

Provenance : À l'origine, l'appellation était *ski-dog*, car la motoneige remplaçait le traîneau à chiens. Par la suite, ils ont plutôt fait l'ajout du suffixe *doo*, dérivé du verbe anglais *to do* signifiant « faire », au terme *ski*, pour mettre en évidence la capacité du véhicule à se rendre partout sur la neige.

Exemple :

> « Il y a tellement de neige dans certaines régions du nord du Québec, que l'on peut seulement s'y déplacer en ski-doo. »

Expressions

À la brunante

Signification : Au crépuscule.

Exemple :

> « La pêche est bonne à la brunante, vous risquez de pêcher beaucoup de truites. »

Donner une jambette

Signification : Faire un croc-en-jambe.

Exemple :

> « Maman, maman ! Charles m'a donné une jambette et je me suis fait mal en tombant ! »

Étamper quelqu'un

Signification : Frapper, tabasser.

Exemple :

> « Il s'est emparé de la rondelle et avant de la lancer dans le but, il a étampé le défenseur sur la bande. »

Être en ballant

Signification : Être en équilibre instable.

Exemple :

> « Elle est en ballant sur la poutre, elle s'étire et voilà son mouvement ! »

Faire du cheval (*faire du ch'val*)

Signification : Monter à cheval, faire de l'équitation.

Exemple :

> « J'aime bien aller chez Hélène, comme elle a une écurie, nous pouvons y faire du cheval. »

Ligue de garage

Signification : Une équipe de sportifs amateurs.

Exemple :

> « Comme il fait partie d'une ligue de garage, mon chum va jouer à l'aréna tous les vendredis soir. »

Manger une claque

Signification : Subir un revers.

Exemple :

> « Le Canadien* a mangé tout une claque hier, alors qu'il a perdu 8-1 contre les Flyers. »

Mouches à feu

Signification : Lucioles.

Exemple :

> « Quand nous allons à la campagne, il y a plein de mouches à feu qui éclairent le ciel. »

Mouiller à boire debout

Signification : Pleuvoir abondamment.

Exemple :

> « Notre week-end de camping fut un échec, il a mouillé à boire debout toute la fin de semaine. »

Mouiller à siot

Signification : Pleuvoir très fort.

Exemple :

> « Je ne sors pas acheter du lait, je suis à pied et il mouille à siot. »

Sentir le swigne

Signification : Pour parler de quelqu'un qui dégage une forte odeur de transpiration.

Exemple :

> « Quand mon frère revient de jouer au tennis, il sent le swigne. »

Un chien qui jappe

Signification : Un chien qui aboie.

Exemple :

> « Je suis sur le point de me plaindre à mon voisin, car son chien jappe toutes les nuits. »

Y goûter

Signification : Essuyer une raclée, un revers.

> L'équivalent français d'« en prendre pour son grade ».

Exemple :

« L'équipe adverse va y goûter ce soir, car nous sommes en grande forme ! »

La fièvre du hockey

Mardi soir, l'homme est prêt : bol de croustilles, bière et son meilleur copain. Il ne bougera pas du salon, pardon, ne bougera pas de son fauteuil, mis à part les fois où il se lèvera, levant les bras au ciel, pour crier « c'est le but ! ».

Cette scène est universelle, elle pourrait se dérouler en Argentine, en France ou au Québec, à la différence qu'au Québec ce ne serait pas devant un match de foot*, mais plutôt devant une partie de hockey.

Le hockey sur glace est le sport national du Canada, pays d'ailleurs où il a été joué pour la première fois. La ferveur que les Français vouent au foot*, les Québécois la vouent au hockey.

Les jeunes garçons jouent presque tous au hockey, collectionnent les cartes de leurs joueurs favoris et suivent leur équipe à la télévision.

L'équipe qui représente le Québec dans la Ligue nationale de hockey est le Canadien de Montréal. Aujourd'hui, c'est la seule équipe qui représente la province et elle peut donc compter sur un très grand nombre de partisans. Cependant, il y a déjà eu une équipe représentant la ville de Québec, les Nordiques. Les anciens partisans de cette équipe ont tendance à ne pas encourager le Canadien de Montréal, car il y avait une forte compétition entre les deux équipes.

* Appelé soccer au Québec, car le foot y désigne le football américain.

Chapitre 15

Jurons québécois

. . . .

Chaque pays, chaque région possède ses propres jurons, et le Québec ne fait pas exception à la règle. En effet, les sacres (synonyme de jurons) font partie intégrante du vocabulaire québécois parlé.

Pour la plupart tirés de l'héritage religieux québécois, les sacres québécois ont trait à la religion catholique qui a joui, jusqu'à la révolution tranquille (dans les années soixante), d'une influence considérable au sein de la société québécoise. Les sacres sont donc apparus dans le paysage québécois comme une contestation de cette autorité qui s'exerçait dans pratiquement toutes les sphères de la société de l'époque.

Voici donc une petite liste de ces termes d'origine religieuse qui font office de jurons au Québec… qui peuvent ensuite être déformés et écrits de différentes façons.

Baptême (tiré de la cérémonie religieuse)

Batinsse.

Bâtard (désignait à l'origine un enfant de naissance honteuse, conçu hors mariage)

Batèche.

Câlice (provient de *calice*)

Câlique, câline, câline-de-bine, câlibine, calvasse, câliboire, colaye, câlache, caltar et colasse.

Calvaire

Calvince, calvâsse, calvette, calvinus, calvinisse.

Crisse

Christophe, crime, criffe, cristi, crime-pof.

Maudit (provient de la *malédiction*)

Maudine, mautadine, mautadi.

Mausus (provient de Moïse prononcé à l'anglaise, Moses)

Ostie

Sti, esti, asti, hostifi, estique, estin, ostin, esprit.

Sacrament (provient de *sacrement* qui désigne l'Eucharistie)

Sacristi, sacrafayeïce, saint-sacrement.

Sacrant (provient du terme *sacre*)

Sacripant.

Saint-crème (provient du nom de l'huile utilisée lors de certaines cérémonies religieuses)

Simonaque (provient de *simoniaque* qui désigne le commerce d'objets religieux)

Ciboire

Cibouère, cibon, cibole, ciboulot, ciboulon.

Tabarnak

Tabarnouche, tabernik, tabarouette, tabaslak, barnak, tabeurn, tabarnache, tabarslak, tabeurslak, tabarnane et tabouère.

Torrieux (dérivé de *Tort à Dieu*)

Viarge (provient de *Vierge*)

Bien que tous ces termes soient issus du vocabulaire religieux catholique, certains sont aujourd'hui considérés comme de simples jurons, alors que d'autres demeurent de véritables blasphèmes.

Les termes *maudit, mausus, viarge, saint-crème* et *calvaire* (de même que tous leurs dérivés possibles) sont généralement considérés comme des jurons et sont attribués à un langage pauvre et de bas niveau. En revanche, les termes ostie, câlice, criss, sacrament et tabarnac demeurent, même après la laïcisation du Québec, de véritables blasphèmes.

Majoritairement employé comme interjection pour exprimer par exemple l'intensité d'une émotion, le sacre a, au fil du temps, été promu à de nombreuses fonctions de la langue française.

Le sacre comme substantif

Employé pour désigner une entité ou une chose en tant que telle, le sacre joue ici le rôle du nom dans la phrase.

Exemples :

> « Le petit **crisse**. »

> « Le **tabarnac**. »

> « La petite **maudite**. »

Le sacre comme adjectif qualificatif

Au rôle d'adjectif, le sacre appuiera un autre adjectif en y ajoutant de l'emphase ou une intensité supplémentaire.

Exemples :

> « Une **câlisse** de belle fille. »

> « Un **ostie** de bon vin. »

> « Une **crisse** de grosse montagne. »

Le sacre comme adverbe d'intensité

Le sacre donnera ici une intensité au mot auquel il se rapporte...

Exemples :

> « **Calvaire** que c'est beau ! »

> « **Tabarnac** que t'es fin ! »

Le sacre comme verbe

Dernière fonction occupée par les sacres québécois mais non la moindre, la fonction de verbe est probablement la plus utilisée dans le langage courant.

Exemples :

> « La blonde de Marc l'a quitté, elle l'a **crissé** là. »

> « Si tu continues à me provoquer, je vais t'en **câlisser** un ! »

> « J'ai **crissé** ma job là, je n'en pouvais plus de travailler dans ces conditions. »

Index

A

Alimentation, 107

Allô, 87

Amitié, 17

Anniversaire, 25

Arrogant, 30

Automobile, 170

Aventure extraconjugale, 22

B

Banque, 142

Bascule, 27

Billets, distributeur de, 142

Bise, 19

Bureau, 183

C

Cartier, Jacques, 7

Champlain, Samuel de, 8

Chanson à boire, 66

Classe, 183

Collégial, 189

Compliments, 29

Conversations, 64

Corps, 129

Couple, 17

Crouse, 20

Cuisine, 107

D

Déjeuner, 113

Déménagement, 161

Déranger, 45

Desjardins, mouvement, 145

Dîner, 113

Draguer, 18

E

Ecole, 183

Emotions, 44

Enceinte, 21

Enfants, 17

Etats-Unis, indépendance des, 11

Exclamations, 86

F

Famille, 17

Finances, 142

Français québécois, 16

G
Gentil, 34

Grippe, 179

H
Hébergement, 151

Hiver, 134

Hockey, 211

Homosexualité, 21

Hôpital, 176

Humeurs, 44

I
Immigrants, 9

Insultes, 29

Interjections, 86

Irritant, 29

J
Joual, 15, 69

Jouets, 24

Juron, 212

L
Lunch, 113

M

Maison, 151

Maternelle, 188

Mélasse, 117

Motoneige, 207

N

Nationalisme, 12

Noël, repas de, 108

Nouvelle France, 7

P

Paniquer, 45

Pâté chinois, 126

Patriotes, 13

Poutine, 119

Primaire, 188

Q

Québec, création du 14

R

Repas, 113

Rhume, 179

S

Saisons, 56

Santé, 176

Secondaire, 188

Sirop d'érable, 204

Sot, 38

Souper, 114

Sous-vêtements, 131

Sport, 201

Sucre, 204

T

Transports en commun, 175

Transports, 165

Travail, 183

Tuque, 134

U

Union, 14

Université, 189

Urgence, 95

V

Véhicules, 165

Vêtements, 129

Vitesse, limitation de, 173

Vouvoiement, 78

« *Pour les Nuls* »,
la collection de tous
les savoirs !

Disponibles dans la collection Poche « Pour les Nuls »

Langues

Guides de conversation

Titre	Auteur	ISBN
Le Basque	Charles Videgain	978-2-7540-1239-3
Le Breton	Hervé Le Bihan	978-2-7540-1240-9
Le Japonais	Eriko Sato, Vincent Grépinet	978-2-7540-0653-8
L'Arabe	Amine Bouchentouf, Sylvie Chraïbi, Aboubakr Chraïbi	978-2-7540-0839-6
Le Portugais	Karen Keller, Ricardo Rodrigues	978-2-7540-1016-0
Le Russe	Vincent Bénet, Oleg Chinkarouk, Serafima Gettys, Andrew Kaufman	978-2-7540-1010-8
L'Allemand	Paulina Christensen, Claude Raimond	978-2-7540-0324-7
L'Italien	Francesca Onofri, Sylvie Le Bras	978-2-7540-0325-4
Le Chinois	Wendy Abraham, Joël Bellassen	978-2-7540-0485-5
Le Néerlandais	Margreet Kwakernaak, Michael Hofland, Annick Christiaens	978-2-7540-0484-8
L'Espagnol	Suzanna Wald, Anne-Carole Grillot	978-2-7540-0178-6
L'Anglais	Gail Brenner, Claude Raimond	978-2-7540-0177-9

Kits audio

Titre	Auteur	ISBN
Kit audio Anglais	Gail Brenner	978-2-7540-0963-8
Kit audio Espagnol	Jessica Langemeier	978-2-7540-0964-5
Kit audio italien	Tereza L. Picarazzi et Sylvie Le Bras	978-2-7540-1328-4
Kit audio chinois	Mengjun Liu et Mike Packerics	978-2-7540-1329-1

… en Poche

Titre	Auteur	ISBN
L'Anglais correct	Claude Raimond	978-2-8769-1923-5